Parfums d'Allemagne

Hélène Lacoste

© 2013, Hélène Lacoste
Edition : BoD - Books on Demand
12/14 rond-point des Champs Elysées, 75008 Paris
Imprimé par Books on Demand GmbH,
Norderstedt, Allemagne
ISBN : 9782954392202
Dépôt légal : Août 2013

Prologue

Le récit que vous allez lire n'est en rien une bible sur l'Allemagne. Déjà par le simple fait que je n'ai pas vécu en Allemagne mais à Brême, ville indépendante et Land d'Allemagne du Nord, ville qui, d'après beaucoup d'amis allemands, ne peut être le reflet de l'Allemagne entière. Ensuite, parce que les pensées et les réflexions qui le constituent sont le fruit d'une expérience purement personnelle, accumulée pendant les dix dernières années. On dit souvent que l'écriture est motivée par un malaise. Cela vous laisse donc supposer, si j'éprouve le besoin d'en faire un livre, que mon séjour en Allemagne n'a pas été toujours très facile mais c'est le lot de toute expatriation je crois.

Ce livre m'a également semblé être une nécessité voire un devoir : j'avais besoin de faire connaître l'Allemagne ou les autres Allemagnes à mes amis français ou étrangers qui ont souvent tendance à l'enfermer dans des cases remplies de clichés. Je souhaitais également faire part des expériences que j'avais vécues et que d'autres pourraient être amenés à vivre en leur apportant non pas un jugement mais une interprétation possible.

J'ai essayé de regrouper mes pensées par thème de façon à en faciliter la lecture et à permettre à chacun de commencer par le sujet qui l'intéresse le plus. Mes chapitres ne comportent donc pas de numéro, le lecteur étant libre de s'approprier le livre comme il l'entend.

Je voulais regrouper dans un chapitre intitulé "Anecdotes" des témoignages recueillis auprès de connaissances ou d'amis allemands. Il m'a semblé plus pertinent de les ajouter à mon point de vue et de laisser le lecteur en tirer lui-même ses propres conséquences.

Avant de commencer, je vous propose de faire connaissance et de vous dire quelques mots à mon sujet. Je suis française, originaire du Sud-ouest (pays du soleil et du foie-gras, n'en déplaise à ma belle-famille strasbourgeoise), mariée à un homme merveilleux et mère de deux filles extraordinaires (et je suis objective !) : Lucie (née le 17.10.2004) et Océane (née le 18.10.2007). Après un baccalauréat scientifique et des études littéraires (tout est logique), je décide de partir à Madrid poursuivre mes études et aller vivre un an au Guatemala pour y travailler en tant que professeur d'espagnol au Lycée Français et découvrir l'Amérique Centrale. De retour en Europe, je suis partie à Singapour où j'ai passé et obtenu mon Capes d'espagnol et enseigné deux ans en tant que professeur d'espagnol au Lycée Français. Tenue de rentrer en France pour y effectuer mon stage, je suis mutée à Mantes-la-Ville et là, ma vocation -qui n'était déjà pas à son plus haut niveau- s'est effondrée. Le lendemain de la rentrée, j'ai donné ma démission, décision que je n'ai depuis jamais regrettée.

Un mois plus tard, j'étais employée chez Bordas en tant qu'éditrice de manuels scolaires anglais. Ces deux années furent les plus belles de ma carrière professionnelle. Le jour où, début Juillet 2003, ma responsable me propose un CDI, mon mari est muté en Allemagne, en Allemagne du Nord, à Brême exactement. Malgré mon épanouissement enfin à son sommet et mon cœur tourné vers l'Espagne, j'accepte cette nouvelle aventure et suis impatiente de découvrir une nouvelle culture et une nouvelle langue. Une soif de découverte qui me suit encore aujourd'hui.

Après quelques semaines passées sur les bancs d'une école de langue privée brêmoise, j'ai décidé de me débrouiller par moi-même et d'apprendre la langue en écoutant les Allemands et en étant confrontée, l'oreille bien ouverte, à tout type de situations diverses et variées. Je suis passée du stade de sourde et muette à celui de muette puis à celui de bébé qui doit chercher ses mots à chaque seconde. Enfin, après deux ans de galères -où je n'ai jamais senti d'impatience ni de moquerie de la part des Allemands- je suis arrivée à entendre à nouveau, à comprendre une grande partie et à me faire comprendre. C'est un apprentissage sans fin, la langue n'étant pas pour un Français forcément simple à apprendre ni à prononcer. De plus, à chaque situation nouvelle car la Vie continue de vous en offrir que vous soyez à l'étranger ou pas, il a fallu s'adapter et apprendre au plus vite pour ne rien manquer : grossesse, accouchement, pédiatre, soins médicaux d'urgence, éducation, achat de maison ou de voiture, sécurité sociale, déclaration d'impôts, etc. Le chemin n'est pas sans embûche mais le résultat est satisfaisant et si c'était à refaire, ce serait je crois avec grand plaisir.

Après un an passé à travailler à l'Institut Français dans le service culturel, j'ai décidé de créer une crèche privée. C'était en 2007. J'ai dû la fermer fin 2010 pour des raisons que vous découvrirez dans le livre. Depuis, je me consacre à mes filles, à ma famille et à mon grand projet d'écriture.

Tout cela pour vous dire que l'Allemagne m'a reçue vierge de tous préjugés et prête à l'aventure, après une expatriation qui avait démarré il y a plus de six ans. Je tiens à le préciser car ma pensée n'est nullement de critiquer ou d'abonder dans le sens de certains clichés que tout Français peut avoir vis-à-vis de ce pays qui ne fut pas toujours un pays ami. Mon souhait est de le faire connaître un peu plus et d'en proposer une visite guidée, avec ce que cela suppose de subjectivité et d'imperfections.

Peut-être que cela vous surprendra mais je ressens un fort besoin de remercier mes proches, comme si l'aventure de l'écriture était comparable au départ d'une course en solitaire dont on n'est jamais sûr de revenir...

J'aimerais donc remercier ma famille, mon mari tout d'abord, sans qui je ne pourrais me permettre le luxe de rester assise des heures entières pour méditer et écrire, mon mari qui a toujours cru en moi et qui a toujours validé mes choix même les plus fous. J'aimerais remercier aussi mes deux amours qui, du haut de leurs quelques années, ont su faire preuve de patience à l'égard de leur maman parfois pas très disponible et qui ont été courageuses face à certaines situations qui ne les réjouissaient pas mais qu'elles ont réussi à gérer.

Enfin, je voudrais remercier du fond du cœur ma maman qui a toujours su me donner confiance en moi et être à mes côtés.

Quant à vous, lecteur, je vous remercie de bien vouloir me lire et espère que vous sortirez de cette lecture aussi enrichi que je le suis après dix années passées ici.

das ist mein Recht

L'image de l'Allemagne en France et dans d'autres pays du monde est aujourd'hui encore entachée de nombreux clichés. Preuve en est la réaction que je remarque systématiquement chez les personnes qui me demandent où je vis. A l'écoute de ma réponse, leurs yeux s'éteignent, leur bouche reste semi-ouverte, muette, leur corps se balance, gêné. C'est souvent moi, qui par provocation qui par curiosité, rajoute: " à Brême, en Allemagne du Nord. " Là, tous leurs espoirs, si minces furent-ils, s'évanouissent à jamais. Malgré eux, la question typique qui suit ressemble souvent à " mais, ça va ? Ce n'est pas trop dur ?". Ce qui est amusant, ou désolant suivant l'humeur, est de s'apercevoir que la plupart de ces gens-là n'ont jamais mis les pieds en Allemagne ou alors lors d'un voyage scolaire il y a une vingtaine d'années. Certaines entreprises, comme Airbus évidemment très implantée à Brême, ont même du mal à trouver des personnes volontaires pour venir travailler en Allemagne, tellement l'image est négative.

Je dois avouer que les premiers mois, je compatissais à mon propre sort, ayant moi-aussi cette impression assez négative ou du moins peu attractive de ce pays mais au fur et à mesure que je le découvrais, que je rencontrais des gens, que j'étais confrontée à cette culture, j'avais du mal à comprendre mes compatriotes.

Je ne ferai pas ici la liste des clichés que nous avons sur l'Allemagne et les Allemands mais parmi eux se trouvent souvent leur froideur, leur caractère rigoureux et sérieux, le climat réputé froid et gris, une gastronomie dite peu raffinée. Nous sommes loin du climat méditerranéen, des plats respirant le soleil, de la vie nocturne trépidante, de toutes les caractéristiques que chaque touriste qui se respecte recherche pour sa destination de vacances.

Après dix années passées en Allemagne, je reconnais que tous ces points font effectivement partie de la culture allemande mais ce n'est qu'une partie de l'iceberg, l'autre pouvant être bien plus belle et intéressante. Un ami allemand me décrit un jour son pays de la sorte : « l'Allemagne se résume à deux mots : devoirs et ordre. » Ce résumé m'interloqua bien évidemment et je me questionnai, des années durant, sur ce qu'il avait bien voulu exprimer par là.

Rapidement, je fus confronté à un des traits de caractère avec lequel j'ai eu (et encore aujourd'hui) le plus de mal à cohabiter : la notion qu'ils ont de ce qui est leur droit -*mein Recht*. Dès leur plus tendre enfance, les Allemands apprennent à respecter une multitude de règles et le plus souvent, de façon très responsable donc très efficace sur le long terme. Les plus courantes dans la vie quotidienne concernent les règles liées à la circulation : en tant que piéton, on ne doit en aucun cas traverser quand le feu piéton est rouge. Qu'il pleuve, qu'il neige, qu'il soit minuit passé, que les rues soient désertes, le piéton se doit d'attendre que son feu passe au vert pour s'autoriser à traverser. Les premières fois que j'ai assisté à ces scènes, je vous avoue m'être bien demandé s'il s'agissait d'une plaisanterie. Nous sommes tellement habitués, en tant que citoyen français, à se battre pour se frayer un chemin entre les voitures, même en position de force comme sur un passage clouté, qu'être témoin de cela était tout simplement merveilleux. Je compris que l'Allemand n'agissait pas en égoïste mais bien au contraire, en citoyen responsable au sein d'un groupe. Il ne s'agit pas de savoir si, moi piéton, je peux traverser car je ne vois pas de voiture mais plutôt de se positionner comme modèle pour l'ensemble des personnes qui m'entourent et plus particulièrement, bien sûr, pour les enfants. Comment voulez-vous faire comprendre à un enfant qu'il doit attendre que le feu passe au vert pour traverser s'il voit sans arrêt des adultes passer au rouge ? Je souligne ici la logique et la cohérence allemande qui m'impressionne toujours autant.

Cet exemple peut paraître anodin mais il me semble au contraire être très caractéristique de la culture allemande : chaque individu est rendu responsable de ses faits et gestes non pas seulement par rapport à lui-même mais aussi et surtout par rapport au reste de la société. Respecter les règles apparaît alors non plus comme une obligation mais comme un devoir -*ein Pflicht*. Et c'est là où je préfère dire de la société allemande qu'elle est respectueuse plus encore que rigoureuse. Elle applique le respect de soi vis-à-vis des autres et le respect des autres vis-à-vis de la communauté.

Il me semble important d'illustrer ce point avec d'autres exemples fréquents de la vie quotidienne. J'ai mentionné les piétons au feu, je pourrais parler maintenant des piétons devant un passage clouté. En dix ans, il ne m'est jamais arrivé d'attendre devant le passage pour traverser : les voitures s'arrêtent systématiquement dès qu'un piéton est à proximité. Arrivant de France où, même prioritaires, nous devons nous battre et nous faufiler entre les voitures, c'est tout simplement magique !

Je trouve également remarquable de voir dans les rues des objets accrochés à des barrières ou à des poteaux : ce sont des objets perdus que les gens ramassent et mettent en évidence au cas où la personne qui les a perdus repasserait. Il peut s'agir de casquettes, de gants, de tétines mais aussi d'objets plus précieux comme des clés, des lunettes, des vêtements. Je trouve cela admirable : prendre le temps de s'arrêter, de ramasser un objet qui ne nous appartient pas et n'a parfois pas grande valeur et de trouver un endroit bien en vue pour l'y accrocher. Parfois, ils vont même jusqu'à sonner à la porte de la maison, des clés à la main, à la recherche de leur propriétaire.

En tant que conductrice maintenant, sur les autoroutes où la vitesse n'est pas limitée, rares ont été les fois où je me suis sentie en danger : tout en respectant les distances de sécurité, la voiture derrière fait comprendre son souhait de dépasser sans pour autant coller la voiture qui la précède. Paradoxalement, je ne me suis jamais sentie autant en sécurité en voiture que depuis que je roule en Allemagne où certaines voitures roulent à plus de 200km/h. Chacun roule à la vitesse qu'il souhaite tout en respectant les autres et tout en étant responsable de son véhicule, c'est du moins l'image qu'ils donnent. Cela n'est d'ailleurs pas étonnant car, j'ai appris depuis, qu'une partie des cours de conduite se déroulait sur autoroute, avec la consigne d'appuyer sur l'accélérateur. Je trouve cette initiative excellente et encore une fois, responsable. Une fois le permis en poche, le jeune pourra, s'il le souhaite, rouler à grande vitesse mais tout en y ayant été préparé. Quelle angoisse et quelle colère m'envahissent quand je conduis en France et vois des jeunes conducteurs au volant de "petites" voitures, sur des nationales, appuyer sur l'accélérateur et ne pas réussir à tenir leur ligne ou à garder le contrôle de leur véhicule, mettant ainsi en danger leur propre vie mais aussi celle de ceux qui arrivent en face.

De même, quand la vitesse est limitée, la plupart des conducteurs allemands respectent la signalisation et lèvent le pied, et ce n'est pas uniquement par crainte de radars -lesquels ne sont d'ailleurs ici pas signalisés ni par un panneau ni par un radar pédagogique- mais également par respect et sens civique. Il était amusant d'écouter sur France Inter dans le courant du mois de Février 2012 un journaliste interroger un auditeur sur

la décision d'interdire les appareils détecteurs de radars. Le journaliste avait pris la peine de rappeler que les radars étaient initialement prévus pour réduire la mortalité sur les routes qui était cette année en hausse de 20%. Il lui répondit sans hésiter :
"Peu importe, nous conserverons nos appareils dans la voiture même s'il est interdit ou nous trouverons un autre système pour détecter les radars."

J'ai trouvé affolant de voir l'énergie que certaines personnes étaient prêtes à investir pour essayer de contourner la loi au lieu de s'efforcer de lever le pied pour le bien de tout le monde et le leur en particulier.

Pour illustrer encore leur grand sens civique, voici une autre anecdote très révélatrice. Il n'est pas rare de retrouver sous son essuie-glace (même à une heure très matinale) un petit mot sur lequel une personne a inscrit ses coordonnées car elle pense avoir égratigné votre voiture en manœuvrant. La première réaction est souvent de se lamenter sur son sort et de partir sur le champ à la recherche des traces de cet accrochage. Quelle n'est pas ma surprise à chaque fois de n'en trouver aucune...

Tout récemment, je trouve dans ma boîte aux lettres un petit mot scotché sur une boîte de chocolats. Il s'agissait d'une dame qui tenait à s'excuser de m'avoir arrosée la semaine précédent en roulant dans une flaque d'eau alors que je sortais les poubelles... Je n'avais gardé de cet événement aucun souvenir... C'est alors que l'on réalise à quel point le respect de l'autre est une valeur primordiale chez les Allemands et je vous l'accorde, encore plus importante quand il s'agit de la voiture d'autrui. Qui, en France ou ailleurs, s'arrêterait pensant avoir éraflé une voiture, descendrait de sa voiture, prendrait un stylo et sa carte de visite pour la glisser sur le pare-brise d'autrui ? Même quand il y a vraiment impact lors de créneaux par exemple, (technique du touche-touche bien répandue en France), on se garde bien de le faire, alors quand il n'y a qu'un doute je vous laisse imaginer…

Il y a bien évidemment le revers de la médaille, je dirais même un double revers. En l'absence de règles, leur comportement peut être plus que surprenant et contradictoire avec celui qu'ils adoptent au quotidien. Cela peut se vérifier à l'étranger où les règles ne leur sont peut-être pas aussi familières ou dans des situations bien particulières. Je me rappelle avec émotion les deux fois où nous avons volé RYANAIR au départ de Brême : je croyais être en présence d'un autre peuple ! Comme les règles sur les vols *low cost* sont soit inexistantes soit très différentes des autres compagnies (absence de places réservées, aucune annonce faite au micro pour faire passer famille et enfants en priorité, etc.), les Allemands se comportent alors comme de vrais enfants qui n'ont jamais connus de règles : on se bouscule, on devient individualiste et le civisme semble être une notion très lointaine pour la majorité d'entre eux.

D'autre part, comme je l'écrivais précédemment, on leur apprend à respecter les règles et à les respecter telles qu'elles sont. Ils ne vont donc pas systématiquement les analyser ou les remettre en question : une règle est une règle et elle doit être respectée. Ce que je vois parfois comme une discipline, comme un sens du devoir exemplaire et un grand sens de la responsabilité m'apparaît hélas aussi parfois comme le fruit d'un esprit trop discipliné. Il n'y a aucune place pour la flexibilité : si la règle est comme ça alors elle est comme ça et on l'applique telle quelle, même si cela peut avoir de graves conséquences.

Une situation à laquelle je suis hélas régulièrement confrontée avec mes enfants est la suivante : quand nous sommes dans un centre commercial ou sur un trottoir et que l'une des mes filles a le malheur de ne pas marcher complètement à droite, la personne qui arrive en face peut lui rentrer littéralement dedans. Le pire est de voir ces personnes n'avoir aucun état d'âme et poursuivre leur chemin comme si elles n'avaient rien fait. Quand mon mari et moi les interpellons pour leur demander de s'excuser, elles se mettent alors à nous sermonner et à nous tenir, nous parents, responsables de cette collision étant donné que nous n'avons pas su "tenir" notre enfant dans le droit chemin. Moins grave mais tout aussi révélateur est de voir quelqu'un, dans le rayon d'un magasin, percuter volontairement votre chariot si par malheur vous ne l'avez pas rangé à droite.

Tout ceci paraît certainement bien caricatural et il ne s'agit évidemment pas de réduire tous les Allemands à ce type de comportement mais pour avoir été confrontée de nombreuses fois à ces situations, je ne peux que le mentionner ici.

L'exemple qui me vient ensuite à l'esprit et qui, me semble-t-il, illustre à la perfection ma pensée, est celui des cyclistes. Certains d'entre vous savent peut-être déjà que les Allemands affectionnent tout particulièrement de rouler à vélo. Tout d'abord parce que c'est un moyen de locomotion respectueux de l'environnement (et ils sont, sur ce point et depuis longtemps, bien en avance par rapport aux Français) ; ensuite, parce que c'est économique ; enfin, parce que cela permet de faire du sport (et le sport pour l'Allemand est capital). De nombreuses villes ont donc aménagé de larges trottoirs avec d'un côté, la piste "rouge" pour les vélos et de l'autre, la piste "grise" pour les piétons. Il est amusant de remarquer que la première chose qui angoisse chaque Français débarquant en Allemagne est cette fameuse piste à vélo. Il faut dire que les Allemands ont tendance à y rouler très vite et qu'ils sont convaincus que rien ne peut leur arriver alors qu'ils ne roulent qu'à quelques centimètres des piétons. C'est donc au piéton d'être très vigilant et d'être à l'affût en permanence pour ne pas dévier sa trajectoire et empiéter sur la piste à vélo. La moindre négligence peut provoquer des accidents : si par malheur, le piéton se retrouve sur la piste à vélos, il court de grands risques. J'ai un exemple malheureux : une copine, enceinte, fraîchement débarquée à Brême, s'est fait renversée par un cycliste. Alors qu'elle le voyait revenir vers elle, elle eut un espoir de l'entendre s'excuser. Que nenni : il lui fit la morale, appela la police pour qu'elle vienne constater les "dégâts" sur son vélo et fit comprendre, à mon amie, qu'elle était en tort. Résultat de l'opération : une amende de 50EUR à payer sur le champs alors qu'elle était la victime !

Une autre copine, dont le petit garçon de trois ans apprenait à faire du vélo sur la piste "grise" (car la piste "rouge" n'est autorisée qu'à partir de 8-9 ans), a vu son fils se faire renverser parce qu'il avait eu le malheur de déborder sur la piste rouge. Devant les hurlements de la maman, la cycliste revient sur ses pas, pose son vélo et adresse à la maman des propos véhéments. Elle lui expliquait que son obligation de mère est de lui apprendre les règles et de veiller à ce qu'il les respectent !

La dernière fois encore, alors que nous marchions sur un trottoir très étroit, une dame d'une cinquantaine d'années a marché sur ma deuxième fille, alors âgée de 4 ans, la projetant sur moi, le tout sans s'arrêter. Mon mari, témoin de la scène, l'a suivie pour lui demander des explications. Elle ne s'est pas démontée et lui a répondu, yeux dans les yeux, qu'en tant que parents, nous étions responsables de la trajectoire que devait suivre notre enfant et que si nous avions quelque chose à reprocher à quelqu'un, nous ne devions nous en prendre qu'à nous ! Ce ne sont ici que des exemples que j'ai eu la malchance de vivre. On ne peut évidemment pas en déduire que tous les Allemands sont ainsi et la preuve en est que, depuis que je suis à Hambourg, aucune scène semblable -de près ou de loin- ne m'est arrivée. Les esprits y sont certainement plus ouverts ou tout simplement plus habitués à gérer ce type de situations. Le plus difficile pour moi a été d'être témoin de scènes malheureuses comme la fois où je me retrouvai dans le couloir de bus et faillis me faire percuter par le bus qui était prioritaire et dans son droit ; ou lorsque j'ai vu un tram ne pas freiner et percuter une voiture qui se trouvait sur "sa" voie et donc dans son tort... Cela pourrait très bien se passer dans un autre pays mais je crois que la notion de responsabilité civique et de devoir est en Allemagne très forte.

Une dernière anecdote amusante pour terminer : un jour où j'attendais ma fille à la sortie de l'école, garée comme tous les jours et comme de nombreuses autres mamans, sur un parking devant des garages fermés, j'ai eu une grande peur. La porte d'un garage s'ouvre et la voiture recule littéralement en direction de la mienne. Quand je réalise qu'elle ne va pas s'arrêter, je klaxonne. Le conducteur s'arrête à quelques millimètres de ma portière, sort, le regard en furie et me demande si c'est une blague. Devant mon incompréhension, il réitère sa question, sur un ton cynique :

"Est-ce que c'est une blague de me klaxonner ?"

Je lui réponds alors que c'est plutôt à moi de lui demander si c'est une blague de me reculer dessus et de manquer d'emboutir ma voiture. Alors, avec un regard direct et froid, il m'explique :"Mais c'est vous qui êtes en tort. Vous êtes garée sur un parking privé qui m'appartient et sur lequel j'ai le droit de rouler."

Je le vois alors remonter dans sa voiture, passer la marche arrière et reculer. J'eus à peine le temps de démarrer et d'avancer de quelques mètres pour éviter la collision. Était-il prêt à me rentrer dedans et à endommager sa voiture tout simplement parce qu'il était dans son droit ? Même si je n'aurai jamais la réponse, je réfléchis depuis à deux fois avant de ma garer dans des zones "à risque". Quelques semaines plus tard, je fus confrontée à la même situation en France et la réaction de la personne m'amusa beaucoup. Alors que ma voiture l'empêchait de sortir, il s'est dirigé vers moi et a commencé par s'excuser puis a enchaîné en me demandant poliment si je pouvais le laisser sortir... Il s'excusait presque de vouloir sortir !

Je suis convaincue que c'est une des différences qui existent entre la France et l'Allemagne : en France on s'excuse pour tout, même quand on est dans son droit ; en Allemagne, on se fait disputer souvent et on vous donne le sentiment d'être en tort...

Avoir à vivre ces situations est parfois douloureux : au choc intrinsèque que peut représenter le fait d'être renversé ou de voir son enfant renversé, s'ajoute un sentiment de grande culpabilité que les réprimandes des citoyens ne manquent jamais de vous faire. Comme disait avec humour la maîtresse allemande de CP de ma fille aînée : "Ici, si quelqu'un traverse au feu rouge, il va non seulement se faire écraser une première fois parce que la voiture est en droit de passer mais aussi une deuxième fois pour faire comprendre au piéton qu'il était en tort."

Parfois, les Allemands semblent prendre tellement à cœur le fait qu'ils doivent respecter les règles qu'ils semblent être investis d'une mission : celle de les faire respecter à tout prix à ceux qui ne les respectent pas. Les exemples abondent et le premier est assez amusant. Il faut savoir qu'en Allemagne, ou du moins à Brême pour ne parler que de ce que je connais, c'est un devoir civique d'entretenir régulièrement et soigneusement son jardin. Ne pas tondre son gazon, même s'il est caché derrière des palissades hautes de 2 mètres, ne pas couper les branches de ses arbres même si celles-ci ne gênent en rien la sécurité des piétons est considéré, par le voisinage, comme un manque de respect à autrui et à l'ordre établi. En bref, vous êtes un citoyen irresponsable.

Je me rappelle encore très clairement l'altercation que j'ai eue avec une voisine alors qu'elle se promenait sur le trottoir devant ma maison. J'étais sortie chercher le courrier et me trouvais donc sur son chemin. Elle me regarde ou plutôt me dévisage (je portais une tenue assez décontractée je l'avoue) puis me demande de bien vouloir demander à la propriétaire de cette maison de couper la branche de l'arbre car celle-ci représente un énorme danger en cas de vent violent. Je comprends alors qu'elle me prend pour la fille du propriétaire ou la femme de ménage mais cela me fait sourire et je lui réponds que je ne comprends pas où se trouve le problème. La dite branche dépassait de mon jardin de quelques dizaines de centimètres sur le trottoir, se trouvait à au moins trois mètres de hauteur et, loin de présenter des signes de faiblesse, me paraissait au contraire bien robuste. Sans attendre, elle me rétorque que c'est notre devoir de veiller à la sécurité des piétons qui longent notre jardin et que si cela n'est pas fait avant la fin du mois, elle se plaindra à la ville et nous aurons de sérieux problèmes. C'était bel et bien une menace.

Les altercations entre voisins à ce sujet ne sont pas rares. Un copain allemand qui avait négligé (honte à lui !) son jardin pendant quelques semaines a vu son voisin s'approcher de la palissade et lui proposer de lui louer sa tondeuse. Quand je lui ai dit combien j'étais choquée de cette réaction, il me regarda, surpris :"Mais il avait raison. C'est mon devoir de nettoyer mon jardin et de tondre la pelouse."

Alors que j'insistais en lui disant que je ne me permettrais jamais de me mêler de la façon dont un voisin s'occupe de sa maison ou de son jardin, il me répond, avec la plus grande logique :"Ah, mais dans ma maison, c'est chez moi mais dehors, c'est au vu de tout le monde."

Est-ce donc par soucis de donner une bonne image de soi ou par devoir ou les deux ? Difficile à dire mais ce qui est sûr c'est que les Allemands sont prêts à passer énormément de temps à s'occuper de leur jardin, allant parfois jusqu'à se mettre à quatre pattes pour retirer minutieusement les mauvaises herbes entre les dalles, ce qui est très agréable à regarder en tant que piéton !

Voici maintenant quelques histoires racontées par des amis allemands et que j'ai choisi d'inclure ici car elles illustrent précisément ce sentiment. Un ami allemand et sa femme se trouvent sur une plage en Espagne. Le soleil est au zénith et la température élevée. Ils remarquent à côté d'eux un père et son bébé de quelques mois. Le père porte une casquette, le bébé pas. Cet ami n'attend pas très longtemps pour aller voir le père et lui demander de mettre une casquette sur la tête de son fils. Le père lui sourit mais ne réagit pas. Mon ami revient à sa serviette mais ne le quitte pas des yeux. Comme le père ne faisait toujours rien, il s'est mis à la recherche d'un commissariat.

Un jour, un ami allemand rentre chez lui et remarque les jeunes enfants de son voisin marchant sur le bord d'une route très passante. Il s'arrête, interpelle le plus âgé pour lui dire qu'il est responsable des autres et qu'il est dangereux de marcher là. Une fois rentré chez lui, il était tellement en colère de voir que les parents pouvaient être irresponsables au point de laisser leurs enfants se promener au bord d'une route aussi fréquentée et manquer de se faire écraser, qu'il en a appelé les gendarmes. A ma question : "Mais pourquoi n'es-tu pas allé voir les parents directement pour leur raconter ce que tu as vu et ce que tu en penses plutôt que de leur faire courir le risque de payer une amende ou de subir un contrôle de la part des services sociaux ?" Il me répond : "A quoi bon ? La police est l'institution qui a été créée pour faire respecter les lois et pour traquer les hors-la-loi donc c'est à eux de le faire." Et d'enchaîner sur le rôle de la police en Allemagne. Celle-ci, contrairement à la France, est très respectée et considérée comme amie des citoyens. Jamais, d'après lui, on ne se permettrait de faire de l'humour sur la police allemande comme on l'a fait en France, dans certaines fictions, les plus connues mettant en scène Louis de Funès ou encore dans la récente campagne publicitaire d'une entreprise de vente de poulets fermiers. Cet exemple m'a ouvert les yeux sur les policiers allemands que je craignais comme bonne française dès que je croisais leur route. Je compris alors qu'ils étaient là aussi et avant tout pour nous aider et pas pour nous sanctionner comme on a tendance à le penser en France.

A Brême, le dimanche, c'est le *farniente* obligatoire : qu'il s'agisse de tondre la pelouse, de faire des travaux chez soi ou de laver sa voiture, c'est interdit. Les magasins sont donc tous fermés le dimanche. Personnellement, je trouve cette réglementation (et l'explication qu'ils en donnent) tout à fait justifiée : toute personne, quel que soit son métier, a le droit de se reposer. Mais encore faut-il connaître cette règle... Nous en avons personnellement fait l'expérience lorsque, en tant qu'étrangers bien organisés, nous avons décidé un dimanche midi de nous mettre à tondre le gazon. Dans la demi-heure qui a suivi, nos voisins ont débarqué dans le jardin nous expliquant avec le sourire un peu forcé que nous devions cesser immédiatement car "nous n'avions pas le droit". Nous avons essayé non pas de négocier mais de savoir si c'était le bruit qui les dérangeait ou l'heure de la journée qui ne leur convenait pas, nous obtenions toujours la même réponse : c'était tout simplement interdit. Quelle ne fut pas ma surprise, quand quelques mois plus tard, quand une amie me relata qu'elle avait dû également arrêter son activité dominicale après l'intervention véhémente de sa voisine. Elle s'était mise à faire ses carreaux... Elle avait alors commencé à se défendre et à argumenter (réaction typiquement révolutionnaire des Français). La voisine lui expliqua alors clairement qu'elle n'avait pas le droit de montrer aux autres qu'elle travaillait, c'était un manque de respect à l'ordre et aux règles. Quand nous sommes arrivés à Hambourg, ayant bien retenu la leçon, nous nous sommes bien gardés d'entreprendre quoi que ce soit dans le jardin le dimanche. Mais quelle ne fut pas notre surprise d'entendre les tondeuses, de voir les centrales de lavage pour voitures ouvertes et nos voisins faire le grand ménage ! Comme quoi, les différences existent bel et bien au sein d'un seul pays...

Un jour, alors que je me garai sur le parking d'un supermarché, je remarque un homme me regardant avec insistance. Je manœuvre sans y faire attention puis, au moment de sortir de la voiture, je le vois à nouveau. Il regardait avec insistance l'avant de ma voiture. Je regarde à mon tour et n'y voyant rien, décide de poursuivre mon chemin. Ce n'est que quelques semaines plus tard que je fis le rapprochement avec ce que me raconta une amie. Un matin à 8h, elle avait reçu la visite de deux gendarmes. Ils avaient été appelés la veille au soir par un témoin qui l'avait vue, au volant de sa voiture, toucher le pare-choque d'une autre voiture. A plusieurs reprises depuis, j'ai été confrontée aux regards insistants de passants. J'ai à présent la réaction suivante : je baisse la vitre et demande :

"Souhaitez-vous connaître ma plaque d'immatriculation ? Parfait alors notez bien, c'est simple HB HL 320. Bonne journée !"

Cette attitude peut s'apparenter pour certains à de la dénonciation. Personnellement, j'ai remarqué qu'il s'agissait souvent de personnes âgées qui n'avaient peut-être rien de plus intéressant à faire. Je tiens à souligner que depuis que je suis à Hambourg, je fréquente tout autant les parkings publics et je n'ai jamais remarqué quiconque agir de la sorte.

Abordons à présent les relations avec le voisinage. A notre arrivée en Allemagne, les collègues de mon mari lui ont tout de suite fortement conseillé de prendre une assurance de protection juridique. Nous n'en comprenions pas trop l'utilité ni le sens mais l'avons fait malgré tout. Il s'agit d'une assurance qui prend en charge les frais d'avocats qu'un individu peut avoir lors de conflits avec son voisinage et ce type de conflits est hélas monnaie courante en Allemagne. En effet, quelques semaines après avoir déménagé dans notre nouvelle maison, nous recevons une lettre avec l'en-tête d'un cabinet d'avocats. Mon niveau d'allemand étant à cette époque-là assez faible, je ne compris pas tout de suite quel en était la teneur. C'est avec l'aide de mon dictionnaire bilingue que je compris qu'il s'agissait de la lettre d'un avocat, commandité par notre voisine directe. Elle nous reprochait un grand nombre de choses, toutes plus fausses les unes que les autres mais ce n'était pas tant ses mensonges qui me choquaient mais le fait que cette lettre arrivait alors même que nous n'en avions jamais parlé au préalable. Comment pouvait-elle faire appel à un avocat, habitant de surcroît dans une autre ville à des centaines de kilomètres de Brême, et n'avoir pas pris auparavant la peine de venir nous en parler directement ne serait-ce qu'une fois ? Je décidai alors d'aller sonner à sa porte mais devant son silence, je dus me résigner. Mon mari, à qui je racontai au téléphone la teneur de la missive, me pria de ne rien faire. Il appellerait notre avocat et cela se règlerait entre eux. Pardon ? Comment ? Il était pour moi hors de question de demander à une tierce personne de régler nos problèmes et de plus, un avocat qui ne doit intervenir, selon moi, qu'après maintes tentatives de communication qui s'avéreraient finalement vaines. C'est cependant ce qui se passa et, après plusieurs mois d'allées et venues entre les deux cabinets d'avocats, nous eûmes gain de cause.

Ce n'est que quelques années plus tard, après m'en être ouverte auprès de nombreux Allemands, que je compris pourquoi l'avocat est, systématiquement et dès le début du conflit, sollicité. La voisine n'avait pas agi, contrairement à ce que j'avais pu penser, par lâcheté mais avec bon sens. Pour les Allemands, l'avocat est celui qui connaît le droit et les lois et qui est habilité à les faire respecter. Il ne sert donc à rien d'aller voir son voisin car il n'aurait certainement que faire de vos paroles ; de plus l'efficacité étant un argument de poids pour les Allemands, vous ne perdez pas de temps ni d'énergie étant donné que tout se règle entre avocats. Toute l'émotion qui pourrait passer entre voisins est filtrée par la présence de cet intermédiaire. C'est donc plus précis et certainement plus efficace même si pas forcément plus rapide.

Un autre exemple, certes bouleversant mais qui illustre encore jusqu'où les Allemands sont parfois prêts à aller pour "veiller" sur ceux qui les entourent : une amie allemande, mère de trois enfants, s'est vue dénoncée par une voisine et inspectée par une assistante sociale. A sa charge : soupçon de maltraitance. Elle avait été invitée par cette même voisine à boire un thé quelques jours auparavant. Alors qu'elle voulait retourner à sa maison, sa deuxième fille refuse de s'habiller. Elle lui demande alors plusieurs fois de le faire, sans succès, et finit par élever la voix. Élever la *voix*, pas la main. Deux jours après, elle reçoit un courrier et la semaine suivante, l'inspection à domicile d'une personne des services sociaux. Quelle humiliation. La chute de l'histoire fut pour moi plus surprenante encore : ma copine, loin de céder à la colère ou à la vengeance, se mit à culpabiliser et à se demander sans cesse si effectivement, elle n'avait pas été trop sévère avec sa fille. Je réalisai alors que chaque culture est conditionnée et ne se défait pas si facilement de son moule : là où je voyais violation de mes droits de mère, mon amie allemande voyait là un rappel à l'ordre, justifié et responsable. Elle m'expliqua que la société allemande avait été très choquée de la disparition d'un petit garçon, maltraité des années auparavant par ses parents et retrouvé mort... La société se devait donc d'agir et de prévenir.

Une dernière anecdote amusante mais illustrant encore cet aspect de la culture allemande. Un matin, une amie retrouve, scotché sur sa poubelle, le petit mot suivant : "A l'avenir, prière de déplacer de quelques centimètres votre poubelle pour ne pas entraver les manœuvres de la benne à ordures" ; une autre celui-ci : "A l'avenir, il faudra veiller à ne plus jamais présenter une poubelle dont le couvercle n'est pas entièrement refermé car sinon, elle ne sera pas vidée". On dit de l'Allemagne que c'est un pays rigoureux, où tout est réglé, mesuré, cadré. On n'a pas tort et cela peut provoquer chez certains un sentiment de culpabilité car on a finalement plus de chance qu'ailleurs d'être dans son tort, voire de claustrophobie devant le manque de flexibilité. Il est amusant de remarquer que, quand vous dérogez à la règle, par exemple quand vous voulez faire une faveur à un piéton ou à une voiture en voulant le ou la laisser passer alors que la règle est normalement que ce soit vous qui deviez passer dans ce cas-là, vous obtenez la plupart du temps un regard étonné voire une réponse négative et un geste qui en dit long : la personne vous fait signe, ou pour être plus précis, vous ordonne d'un mouvement sec du bras, que vous <u>devez</u> passer, vous et pas elle... Cela m'amuse même si je suis également un peu frustrée car je trouve difficile de faire des faveurs...

Mais c'est cette grande discipline, où l'exception à la règle n'a pas sa place, et ce soucis du citoyen de s'assurer que tout un chacun respecte bien la règle qui garantit des résultats et fait de l'Allemagne le pays fort qu'elle est. Pendant ma première grossesse, je me rappelle avoir demandé à mon gynécologue quelle était la "norme" en Allemagne concernant la consommation de vin. Ma mère m'avait souvent répété qu'étant enceinte, elle ne s'était pas complètement abstenue et avait cédé de temps en temps à un verre de vin. Le gynécologue fut très surpris par ma question puis, après un temps d'arrêt, m'expliqua avec beaucoup de sérieux, qu'ici comme en France d'ailleurs, la tolérance était zéro : pas 0,1g/l pas 0,2g/l mais bel et bien 0,00g/l. Il enchaîna avec une argumentation comme toujours logique : il me demanda comment serait-ce possible pour un médecin de connaître précisément le seuil de tolérance à l'alcool chez chacun des patients, sachant qu'aucune ne réagit de la même façon ? Le plus sûr était donc de s'abstenir totalement, message que semble connaître l'ensemble de la société. Un soir, attablée avec un groupe de copines, quelle ne fut pas ma surprise de voir la serveuse se diriger vers moi et me retirer d'office le verre à vin placé devant moi. J'ai immédiatement voulu plaisanter en lui disant que j'en aurai besoin. Son regard s'abattit sur moi et je compris qu'il ne s'agissait pas de plaisanter sur ce sujet. Oui, cela peut choquer mais oui, n'est-ce pas merveilleux de voir des citoyens aussi soucieux d'autrui ?

Je pense sincèrement que c'est grâce à tout cela que l'on peut jouir d'un grand confort en Allemagne, que l'on peut laisser ses enfants aller à l'école seuls, à pied ou en vélo, car on sait qu'ils seront toujours prioritaires aux intersections, qu'il y aura quelqu'un pour s'arrêter et les aider ou pour intervenir si jamais il pense qu'il y a quelque chose qui ne va pas. Ce soucis de l'autre est aussi ancré chez les voisins qui, sans vous le dire forcément, vont jeter un œil sur votre maison en votre absence, ou rentrer vos poubelles que vous aviez "oubliées" sur le trottoir. C'est un pays que je n'ai pas choisi certes, mais qui nous offre, en tant que famille avec enfants, de grandes sécurités et une grande qualité de vie.

Une copine, rentrée depuis à Toulouse avec ses quatre enfants, m'a confié dernièrement regretter l'Allemagne et ne plus pouvoir laisser ses enfants prendre seuls le métro ou aller en ville. Il est dur à dire si sa méfiance est justifiée ou que la confiance dans le civisme des Allemands est peut-être exagérée mais, pour reprendre une expression allemande, je fais confiance à mon ventre (*Bauch Gefühl*) : ce que je vis et vois au quotidien me rassure. Un matin, une petite fille va à l'école seule en trottinette et roule sur le trottoir à côté de nous, qui étions en voiture. Elle tombe. Immédiatement, un cycliste, qui arrivait en sens contraire, s'arrête, l'aide à se relever et la console. Une autre cycliste, témoin de la scène, se propose de rouler à côté de cette petite fille pour lui redonner confiance.

Une autre fois, alors que ma deuxième fille était encore dans la poussette, ma fille aînée à vélo commence à s'éloigner de plus en plus de moi. Un homme, piéton, remarque la scène et se dirige spontanément vers ma fille, me lançant un regard bienveillant. Il prenait le relais le temps que je la rejoigne.

Cela ne signifie absolument pas qu'il n'y ait pas, en Allemagne, comme dans les autres pays européens, d'accidents ou de crimes commis sur des enfants mais je sens cependant une société présente et soucieuse de l'ordre commun. Alors oui, les Allemands s'arrogent beaucoup de droit mais également des devoirs envers ses concitoyens et cela contribue au bien-être ou du moins à la sécurité de chacun.

Une petite expression amusante pour clore ce chapitre sur le *Recht* et pour dire à quel point la notion de droit est primordiale dans la culture allemande. Il est fréquent, dans les magasins allemands, de s'entendre demander : « Kommen Sie zu Recht? » Il ne s'agit pas là de comprendre si « vous êtes dans votre droit » mais « si tout va bien » ! Comme quoi le droit et le bien-être peuvent faire bon ménage…

Vous avez dit *freundlich* ?

A mon arrivée à Brême en Juillet 2003, j'étais encore jeune mariée et pas encore maman. Ma connaissance de la culture allemande (qui, je vous le rappelle, a commencé de zéro) s'est donc limitée pendant un an à ce qu'une jeune femme qui fréquente des jeunes personnes, qui se rend au cinéma ou au restaurant avec son mari, qui visite des musées et profite de brunchs en terrasse de café peut découvrir. C'est certainement très superficiel mais je dois avouer que je garde de cette première année d'excellents souvenirs.

Grâce à ma première grossesse, j'ai commencé à rentrer un peu plus dans le cœur de la culture allemande et à découvrir à quel point elle pouvait être différente de la nôtre.

C'est au cours des visites chez mon gynécologue que je fus confrontée à une chose qui continue de m'étonner : le regard allemand. Si on éteignait le son de la télévision ou si on se bouchait les oreilles en écoutant un Allemand vous parler, il serait parfois difficile de connaître la teneur émotionnelle de son message. Est-il en colère ou a-t-il peur, est-il heureux ou ému, vous dit-il quelque chose de grave ou est-ce que tout va bien ? C'était cette question que je me posais à chaque visite chez lui. Quand mon mari m'accompagnait, ce qui est arrivé très souvent pendant la première grossesse, il pouvait faire la traduction. Je m'apercevais alors que ce regard grave n'était pas forcément porteur d'un message inquiétant, bien au contraire, mais était simplement difficile à décoder pour moi. En revanche, et malgré le fait que la grossesse se passait à merveille, le gynécologue envisageait à chaque fois toute une série de complications qui pourraient éventuellement se produire. Au final, on ressortait avec l'impression que tout allait bien mais avec une certaine angoisse concernant ce qui pouvait, d'ici à la prochaine visite, se passer.

Lors de ma deuxième grossesse, j'ai été moins marquée par cela. En revanche, je n'arrivais pas à comprendre comment, après m'avoir vue des dizaines de fois pendant des années, et avoir partagé avec moi des moments aussi intimes qu'est l'arrivée d'un enfant, qui plus est de deux, son regard pouvait demeurer ainsi et notre communication aussi banale. C'est également ce que je ressentais tous les matins en allant acheter le pain dans la même boulangerie pendant 5 ans. Rien ne pouvait laisser penser que la boulangère m'ait déjà vue auparavant. Autant dans le Gers, vous devez prévoir vingt minutes pour aller acheter du pain et le journal tellement les caissières vont vous parler ou se parler entre elles de tout et de rien, autant ici, en Allemagne, le superflu et l'inutile n'ont pas souvent leur place.

Quand on n'a pas le temps ou l'opportunité de pouvoir aller au-delà et de connaître plus et mieux les Allemands, on pourrait au premier abord s'arrêter à cette observation et en conclure que c'est un peuple froid, pas très accueillant ni chaleureux. Il m'arrive encore souvent de me demander, quand je vois le regard que les Allemands peuvent poser sur moi, à tout moment de la journée et quelle que soit mon attitude, si je ne fais ou dis quelque chose de mal. Mais ce serait une grave erreur de penser que c'est effectivement un regard chargé de reproches : c'est seulement la façon d'être de certains ou ce qu'ils donnent à voir et il y a souvent un grand fossé entre ce qu'ils peuvent vous témoigner et l'impression qu'ils donnent.

Jamais je n'ai été aussi émue qu'en Allemagne d'entendre des personnes à l'attitude réservée me témoigner des sentiments d'amitié et de fidélité d'une force et d'une sincérité époustouflantes. Combien de fois n'ai-je pas été confrontée, dans des lieux publics où je sollicitais l'aide de quelqu'un, à une froideur apparente voire à un certain mépris et de m'apercevoir par la suite qu'il n'y avait pas plus gentil ou attentionné ! Mais j'avoue qu'il peut être parfois difficile de le croire, surtout dans des situations où notre culture applique d'autres codes. Du fait des nombreux voyages de mon mari, je fréquente régulièrement les halls d'arrivée des aéroports et c'est toujours très surprenant d'observer les couples ou les familles se retrouver. Rares sont les bises sur la bouche ou alors très furtives, quelques embrassades parfois mais rien qui ne s'éternise. La joie réciproque est pourtant visible mais elle n'est pas physiquement palpable.

Cette pudeur ou cette retenue dans l'expression des sentiments ne signifie évidemment pas qu'ils n'en éprouvent aucun mais qu'ils n'y donnent libre cours peut-être que dans un cadre plus intime. Cela m'a amenée à réfléchir sur la place et le poids du mot dans la langue allemande. A chaque retour de France, j'ai besoin de deux ou trois jours pour me réadapter à leur langue économe et franche. Récemment, je suis allée dans une boulangerie et ai dit un *Guten Tag* avec un sourire. En réponse, je reçois un "Que désirez-vous ?". J'entends qu'il faut aller au fait et que ce n'est pas le moment de se perdre en politesse. J'indique une brioche au chocolat mais elle ne semble pas me comprendre. Autant pour moi, je dois reprendre l'habitude de parler plus fort pour me faire entendre. Elle me pose ensuite une question dans laquelle il n'y a ni sujet ni verbe conjugué : "zum gleich essen ?" (traduit littéralement *pour consommer tout de suite ?).* Je ne comprends pas et m'aperçois que ce qui m'empêche de comprendre est non pas le choix des mots qu'elle a fait mais la structure de la phrase à l'infinitif, impersonnelle, son regard et le ton. Tout est différent du modèle auquel je m'étais réhabituée les deux dernières semaines en France. J'ai besoin de quelques secondes pour me mettre en «mode allemand» et me ressaisis aussitôt (attention, il ne faut pas perdre de temps !) et lui réponds *nein*. Déjà, j'en oublie le *Danke* qui me semble, dans cette situation, plus que superflu alors que quelques secondes auparavant, il aurait été à mes yeux indispensable. Elle me tend la brioche, je la remercie et elle me dit "70c".

Il serait erroné de penser que tous les vendeurs allemands sont ainsi, comparables à des robots et ce n'est en rien ma pensée mais il est vrai qu'ils se perdent peu dans les détails et aiment aller au fait rapidement. Ils sont indéniablement plus soucieux d'efficacité. J'avoue que depuis que mon niveau d'allemand est bien meilleur et que je n'entends plus uniquement la mélodie de la langue mais bel et bien le message qu'elle véhicule, je ne partage plus tellement mon point de vue. Depuis que je réside à Hambourg, mon avis sur cette question a également changé : je trouve les gens plus accueillants et chaleureux. Une copine me faisait à ce propos une remarque qu'il me semble pertinent de joindre à ce récit. Elle est arrivée en Allemagne il n'y a que quelques mois et ne parle ni ne comprend encore bien l'allemand. Elle m'a raconté une scène survenue à la caisse d'un magasin où la caissière lui avait parlé avec agressivité car elle ne retirait pas sa carte bancaire du socle. Connaissant son niveau d'allemand, je lui demandai sur quoi elle s'appuyait pour dire que la caissière avait fait preuve d'agressivité. Elle m'indiqua tout de suite le ton sur lequel elle lui avait parlé. C'est ce type de scène qui, quelques années plus tard, ne la ferait plus réagir car elle comprendrait les mots et verrait que les mots utilisés, même de faon économe, n'ont rien d'agressif. En revanche, le ton dépourvu de sens, peut apparaître comme tel. Elle m'avoua en fin de conversation qu'elle ne ressentait pas du tout la même chose quand elle parlait avec sa voisine autour d'une tasse de thé : dans ce cas précis, où elle comprend le sujet, elle va même jusqu'à trouver que la langue allemande est chantante.

Alors oui, au premier abord et surtout tant qu'on ne comprend pas ce qui nous est dit, le cliché des Allemands peu sympathiques peut être confirmé. Mais je crois qu'il s'agit surtout de comprendre qu'il ne faut pas penser et attendre les mêmes choses quand on est en France ou en Allemagne : chacun peut et est capable d'être chaleureux ou désagréable mais utilisera des moyens et des codes totalement différents. Tant qu'on ne les a pas découverts et compris, il nous est difficile de comprendre une culture autre que la nôtre.

Revenons à la langue allemande et à son côté concis : les situations mêlant parents et enfants regorgent d'exemples. Pour leur demander de mettre leurs chaussures ou de s'enlever le manteau, de descendre du vélo, la langue allemande va être très directe et encore une fois n'utiliser que des infinitifs. *Schuhe einziehen (*littéralement *mettre chaussures* pour «mets tes chaussures», *Jacke ausziehen* (littéralement *retirer veste* pour «retire ta veste», *aussteigen* (littéralement Descendre pour «Descends»). De même dans un restaurant pour demander l'addition, l'Allemand emploiera le verbe payer à l'infinitif *bezahlen* voire le plus souvent et le plus linguistiquement surprenant *Zahlen*. L'infinitif est devenu un nom et on le trouve traduit dans les dictionnaires par "l'addition". Il ne me semble pas étonnant de voir que l'infinitif occupe une place importante dans la langue allemande quand on sait qu'il symbolise l'action à 200% : sous de nombreux aspects, les Allemands nous montrent qu'ils sont eux-mêmes dans l'action. Leur franchise, leur côté direct, leur efficacité sont le reflet exact de cela.

La langue française ou les langues latines de façon générale fonctionnent différemment. Il était très amusant à mes débuts à Brême, lorsque je tentais de m'exprimer en allemand, de voir que j'agissais comme si j'étais en France mais que l'effet produit n'était pas celui escompté. Dans les restaurants, au moment de passer la commande, je traduisais ce que j'aurais dit dans la même situation en France : "s'il vous plaît, pensez-vous, serait-il possible". A chaque fois, je remarquais que le message avait du mal à passer et pensais qu'ils ne comprenaient pas mon allemand. Je m'obligeais alors à répéter une deuxième voire une troisième fois les mêmes mots sans me faire pour autant mieux comprendre. C'est ensuite que je compris que mes phrases étaient tout simplement trop longues. J'adopte à présent l'attitude «allemande» qui est de limiter la question à l'essentiel, le tout prononcé avec une voix forte. Alors que pour demander du pain, je me lançais souvent dans «Est-ce qu'il vous serait possible s'il vous plaît de nous apporter du pain ?» j'en viens maintenant à aller à l'essentiel (les Allemands disent *sachlich* comprendre «factuel») : «Du pain, s'il vous plaît», ce qui ne me semblerait pas concevable en France car trop direct et irrespectueux mais qui me vaut ici, d'être tout de suite écoutée et comprise.

Parler fort est, je trouve, une des clés en allemand pour se faire entendre et comprendre. Un exemple amusant et récent : dans les vestiaires des piscines, le plus souvent communs et parfois même mixtes (la notion de pudeur est également très différente de la nôtre), nous nous retrouvons souvent entourés de personnes bruyantes, qui hurlent au lieu de parler. Je me permets parfois de leur demander d'une voix certainement trop douce avec certainement trop de mots de bien vouloir, si cela était possible, parler un peu moins fort. Comme réponse, j'obtenais parfois un regard incompréhensif me demandant où était le problème et de reprendre de plus belle. Un jour, alors que nous étions tous les quatre dans une cabine familiale, une autre famille entre dans la cabine voisine. Après quelques minutes d'un raffut insupportable, mon mari a littéralement hurlé *leiser* ("moins fort"). Immédiatement, les personnes se sont arrêtées de crier et surtout, chose rare à mes yeux ici, ont demandé à leurs enfants de parler plus doucement. Je n'en revenais pas. Pour moi, leur parler sur ce ton aurait été un manque de respect, une offense. Là, personne ne semblait choqué.

Nous parlions de code, la façon d'aborder l'autre en est un également : que ce soit linguistiquement ou physiquement cela saute aux yeux quand on est en France. Nous avons parlé du nombre de mots, du ton et ne pouvons faire impasse sur le comportement physique que nous adoptons face à l'autre. La bise, pratique courante en France même quand on ne se connaît pas beaucoup, peut être un bon exemple. Ce serait une chose impensable en Allemagne en dehors du cercle restreint de la famille. Cécile Calla[1] dans son livre très intéressant que je vous invite à lire, développe suffisamment ce point et il serait inutile d'en rajouter. Je voudrais seulement illustrer par quelques exemples le monde qui sépare les Français et les Allemands dans ce domaine-là. Lorsque vous rencontrez pour la première fois un Allemand, du même sexe ou pas, il n'est pas forcément d'usage d'accompagner le bonjour par un geste et encore moins par un mouvement vers l'avant du corps. Vous pouvez vous douter aisément du nombre de situations cocasses auxquelles j'ai dû faire face au début, alors que je m'avançais pour embrasser la personne, laquelle se cambrait en arrière, le regard affolé. Un simple *Hallo* suffit la plupart du temps. Dans d'autres situations, comme lors de rencontres professionnelles, les personnes peuvent se serrer la main, également avec une personne de même sexe. Ce n'est qu'après avoir fréquenté, à plusieurs reprises, la personne que vous pouvez en arriver au fameux *Umarmung*. Il s'agit d'une embrassade, d'un «cœur à

---

[1] *Tour de Franz, Mein rendez-vous mit den Deutschen,* Cécile Calla, Ullstein.

cœur». Personnellement, je trouve cette pratique fort émouvante car cela peut durer quelques secondes et c'est un moment assez fort car vous vous retrouvez, en quelques dixièmes de seconde, dans les bras et contre le corps d'autrui. Notre bise en comparaison, apparaît alors bien fade : n'étant pas réservée à nos amis les plus proches elle ne signifie finalement rien d'autre que "bonjour". J'avoue qu'elle me met maintenant parfois mal à l'aise en France quand je me vois "obligée" de la faire à une personne que je rencontre à un dîner et à qui je n'ai pas forcément envie de manifester un attachement particulier dès la première rencontre. Elle a revêtu pour moi le sens qu'elle a pour beaucoup d'Allemands et je préfère la réserver à des êtres qiu me sont particulièrement chers.

En revanche, ce qui continue de me surprendre en Allemagne est le fait que, vis-à-vis des enfants, la pratique reste la même. Je comprends, respecte et applique quotidiennement cette graduation avec les adultes mais quand je vois qu'avec des enfants, ils réagissent de la même façon, j'avoue avoir un peu plus de mal. J'ai souvent vu mes filles, au moment de dire au revoir ou merci à une maman qu'elles connaissaient, se pencher pour déposer un bisou sur la joue. Souvent, elles les regardaient alors interloquées, stoïques et immobiles, sans comprendre ce qu'attendaient mes filles. S'il nous arrivait d'en reparler ensemble, ces mamans me disaient alors qu'elles ne comprenaient pas que mes filles puissent attendre cela d'elle car elles réservaient la bise au cercle familial ! C'est dans des moments comme ceux-là que je réalise le nombre de frontières qui existent entre nos deux pays. Récemment, une copine française me racontait que sa fille âgée de 9 ans lui avait ouvert beaucoup de portes ces dernières années. Elle avait imposé la bise d'une telle façon que personne n'avait osé la lui refuser !

Un autre code auquel j'ai dû m'habituer est celui qui régit le rapport de l'homme à la femme. Quand je me retrouve en France, je ne sais jamais comment expliquer ce que je ressens mais après quelques minutes, je prends conscience que je redeviens soudain visible. Je sens et vois les regards, d'hommes ou de femmes, se poser sur moi et s'attarder, sans que cela ne signifie quoi que ce soit d'ailleurs. Les gens se regardent juste, offrant un regard où diverses émotions peuvent être lues : parfois curieux, parfois charmé ou charmeur, parfois rêveur, parfois las, mais un regard qui vous a vu et qui vous renvoie une image de vous, celle de quelqu'un qui plaît, qui surprend, qui étonne, bref quelqu'un qui existe. Ici, à Brême, depuis 7 ans, je ne sens le regard des gens que quand je suis en tort et Dieu sait que cela m'arrive souvent ! Mais des regards positifs voire neutres, je n'en ai reçu que 2 ou 3 et le plus souvent, de la part d'hommes ou femmes étrangères comme moi. Je n'ai évidemment pas besoin de cela pour me sentir vivante mais je le remarque une fois sortie de l'Allemagne. D'un seul coup, les regards me semblent intrusifs, voire lourds mais quel bonheur de me sentir vivante ! Alors certes, en 10 ans, je n'ai pas semblé plaire aux hommes allemands mais tout est une question de code sans doute !

Une fois, au volant de ma 206 (modèle rare ici où les BMW, les Mercedes et Audi sont majoritaires sur les routes), alors que j'étais à un feu rouge, j'ai senti que la personne dans la file à ma droite me regardait. C'était un homme. Mais dans son regard c'était plutôt de l'étonnement voire de l'incompréhension qui transparaissait. J'étais en train de me remettre du rouge à lèvres… Il n'avait encore jamais dû voir cela et devait certainement commencer à se demander si cela n'était pas irresponsable de ma part de me livrer à ce type d'activités alors que je risquais de retarder la voiture derrière…A sa décharge, il faut dire que de nombreuses femmes allemandes ne se maquillent pas et préfèrent rester naturelles. Les Allemandes ont souvent la réputation en France de ne jamais s'épiler les jambes et je crois pouvoir dire que cette période est révolue mais elles aiment me semble-t-il se montrer telles qu'elles sont et pas forcément avoir recours au maquillage ou à d'autres subterfuges. Le naturalisme avant tout !

Tous ces traits de caractère ou ces habitudes culturelles peuvent parfois donner de l'Allemand une image de peuple froid, sérieux et distant. Mais cela ne correspond nullement à ce qu'ils sont réellement et je suis quotidiennement surprise du grand paradoxe qu'il peut y avoir entre la façade et ce qui se cache derrière.

Les Français me donnent l'impression de s'excuser pour tout et pour rien : dans un supermarché, une dame arrive dans le rayon en face de moi et me demande "pardon" alors qu'elle ne m'a ni touchée ni dérangée, une autre fait tomber son bouchon de bouteille à mes pieds et me dit "pardon" et "excusez-moi". J'aimerais arriver à leur dire, comme un conseil d'ami : « Arrêtez de vous excuser, ce n'est pas si grave !»

Les Français vont peut-être sourire plus en parlant mais finalement ne pas dire grand-chose de plus que les Allemands mais cela fait malgré tout du bien. Cela donne l'impression que même pour tous les petits moments du quotidien, nous sommes en vie et avons une interaction positive avec ceux qui nous entourent. Je ne parle pas de devenir leurs amis ni de leur faire une bise mais juste cohabiter avec autrui dans un peu plus de chaleur. Mais cela vous amène à vivre aussi des situations que vous n'imagineriez pas vivre en Allemagne et heureusement. Récemment, dans une grande surface française, je posai une question à une responsable de rayon. Une fois la réponse en poche, je m'apprêtais à repartir mais je remarque qu'elle continue de me regarder et de parler, de critiquer son collègue qui est responsable du rayon et n'a pas suffisamment bien rangé les produits et mentionner que cela n'est pas nouveau et de développer... Puis de la retrouver à la caisse et de l'entendre dire à la caissière ce qu'elle pense d'elle, en l'appelant par son prénom et en la tutoyant. J'étais juste venue acheter une ampoule et je ressors en ayant un pedigree des employés du magasin et un certain stress suite à cette conversation dont j'ai été témoin malgré moi ! Cette conversation serait évidemment impensable en Allemagne où même les collègues qui travaillent ensemble depuis plusieurs années continuent de s'appeler Madame ou Monsieur, où le tutoiement est réservé au cercle d'amis proches et où surtout, le privé n'a absolument pas sa place dans le domaine professionnel.

J'aimerais me pencher maintenant sur la relation adulte-enfant. Il existe en Allemand, de même qu'en Anglais, un qualificatif pour dire qu'un pays, une personne, un lieu est accueillant pour les enfants. Il s'agit du mot *kinderfreundlich*. C'est un mot très à la mode en Allemagne depuis une dizaine d'années et que de plus en plus d'institutions, de villes, d'hôtels ou de restaurants se targuent d'être. Comme le faisait remarquer une connaissance, on pourrait se demander ce que cela sous-entend pour les hôtels ou restaurants qui ne s'affichent pas *kinderfreundlich*. Cette prise de conscience de l'Allemagne, due éventuellement au fait qu'elle se compare de plus en plus à la France dans ce domaine, amène les partis politiques et les *Lands* à mettre en place toute une série d'objectifs et de mesures. Celui dont on parle beaucoup depuis quelques années est d'arriver en 2013 à ce que 30% des enfants de moins de trois ans puissent avoir une place en crèche.

En Mars 2010, il y avait en Allemagne 472 000 enfants de moins de trois ans placés en crèche, soit 23,1% des enfants allemands (et 2,7% de plus qu'en 2009). A noter que dans les Lands de l'Est, ce chiffre peut atteindre 50% alors que dans les Lands de l'Ouest, la moyenne tourne autour de 17%, soit un peu plus d'un enfant sur dix. En France, selon les chiffres de Février 2009, 40 % des enfants de moins de trois ans sont placés en crèche (contre 30% en moyenne dans les pays de l'OCDE). Ces chiffres montrent que la majorité des enfants allemands sont encore gardés par leurs parents mais n'expliquent pas pourquoi.

Quand je suis tombée enceinte de ma première fille, j'ignorais bien évidemment toutes ces statistiques et encore plus tout ce que cela pouvait dévoiler de la culture allemande. En tant que bonne Française, je me suis donc mise à la recherche d'une place en crèche dès le cinquième ou sixième mois de grossesse. Par souci d'efficacité, j'ai demandé à la ville de me transmettre la liste des différentes crèches pour pouvoir faire mon choix en fonction de leur localisation, de leur programme et éventuellement de leur réputation. J'ai très rapidement pris conscience que le choix était limité étant donné que le nombre de structures dans mon quartier pouvait se compter sur les doigts d'une main. Je me rendis donc à l'une d'entre elles pour m'enquérir des démarches à effectuer et là, je ne sais pas qui des deux -du directeur ou de moi- a été le plus choqué. A la question "Où se trouve actuellement votre enfant ?" je désigne mon ventre en souriant. Un long silence s'en suivit, son regard sembla incrédule et sur un ton qui en disait long, il me dit que je pouvais repartir étant donné que sa crèche, ainsi que la majorité des structures pour moins de trois ans à Brême, ne prenait les enfants qu'à partir de 1 an et encore, si la mère justifiait d'un emploi à plein temps ! Je me heurtais de plein fouet et pour la première fois à un pilier de la culture allemande : la femme, en devenant mère, l'est de façon exclusive. La société attend d'elle qu'elle se consacre à l'éducation de son enfant pendant au minimum un an, voire deux ou trois ans. Il est mal vu par la famille, le mari et les voisins -dont le rôle et l'influence sont très importants- de laisser (je suis tentée d'écrire "d'abandonner" (*abgeben*)) son enfant à une personne qui ne fait pas partie de la famille et dans une institution où son individualité risque de ne pas se développer comme il le faudrait. Les Allemands ont pendant longtemps appelé ces mamans des *Rabenmutter* (littéralement mères corbeaux). Le recours à une structure de type crèche du matin au soir est donc pour une femme allemande un recours auquel elle ne pourra faire appel que si elle est seule à élever ses enfants et n'a d'autre choix que celui de travailler à temps plein. Le jour où j'ai compris et réalisé que c'était ce qui m'attendait, j'ai cru que mon monde, celui que je connaissais depuis ma naissance, avait disparu. On sait, et je défends quiconque de soutenir le contraire, à quel point les premiers mois de la vie d'un enfant peuvent être éprouvants pour les parents et plus encore pour la mère et la perspective de savoir que c'était sur moi seule qu'allaient reposer l'épanouissement, la garde, les activités d'éveil, l'alimentation, les siestes pendant un, deux voire trois ans était tout simplement impossible à accepter. Je trouvais cela injuste de priver la femme, certes mère mais encore femme, de la possibilité de s'épanouir ailleurs que dans son rôle de mère, de ne pas lui laisser la possibilité de reprendre même à temps partiel une activité professionnelle et inconscient de la part de la société de priver l'enfant de rapports sociaux le mettant en contact avec des enfants de son âge et le confrontant à l'autorité d'autres adultes et à la séparation d'avec sa mère.

J'avais prévu de reprendre le travail trois mois après la naissance de ma fille et il me fallait donc trouver une autre solution. C'est alors que j'ai entendu parler d'un mode de garde assez répandu bien que plus onéreux, la *Tagesmutter* (nourrice). Je me mis donc à la recherche et en trouvai une qui, par chance, habitait à quelques minutes à pied de notre domicile. Elle gardait trois enfants et prenait 7EUR de l'heure, repas du midi non inclus. J'ai appris depuis que ce n'est que récemment que les *Tagesmutter* sont obligées de faire une formation, qu'elles ont le droit de ne garder «que» 5 enfants (leur propre enfant inclus) et qu'elles doivent s'enregistrer auprès d'un organisme de la ville. Jusque-là, quiconque pouvait se déclarer *Tagesmutter* et pouvait garder autant d'enfants qu'il le souhaitait. Ce fut pour nous une solution qui ne dura que quelques mois car très onéreuse. Pouvant justifier d'un contrat de travail, j'ai pu revenir à la première crèche visitée pendant ma grossesse et faire la demande d'une place que j'ai obtenue l'année où ma fille allait avoir un an. Elle n'a pas pu commencer à la rentrée, qui en Allemagne a souvent lieu début Août, mais le jour de son anniversaire soit le 17 Octobre… l'âge minimum est en effet de un an et quand on dit un an c'est 1 an révolu ! Ils avaient accepté de nous réserver la place pendant les deux premiers mois à condition que nous les leur payions. J'avais découvert alors ce qui allait m'apparaître comme étant l'une des plus grandes différences culturelles entre la France et l'Allemagne : la prise en charge des enfants de moins de trois ans et le rôle que devait occuper la mère.

Paradoxalement, avec le temps, je bénis le ciel de m'avoir permis d'avoir eu mes enfants en Allemagne plutôt qu'en France. J'ai vite réalisé, au cours de la première année de crèche de ma fille, que mener de front ce à quoi une femme-mère est tous les jours confrontée, peut être tout sauf épanouissant. Le matin, je devais le plus souvent la réveiller pour ne pas arriver en retard au travail ce qui allait déjà à l'encontre du rythme de l'enfant. De même au retour, je ne pouvais pas me permettre de faire des heures supplémentaires car je serais arrivée en retard à la crèche, ce qui pour moi pouvait parfois être source de stress car en fonction des tâches que j'avais à effectuer, quelques minutes supplémentaires ne m'auraient parfois pas été superflues.

Cette routine, déjà stressante pour l'enfant et pour la mère, déraille dès que l'enfant tombe malade. Il faut alors prier pour que son employeur soit compréhensif et vous autorise à rester à la maison et à faire du télétravail. Honnêtement, le télétravail est une invention très moderne et alléchante en théorie mais dans la pratique, travailler tout en gardant son enfant de un an et demi, malade et fiévreux, revient à regarder de temps en temps ses courriels mais à reporter le travail le soir quand il s'est enfin endormi et que vous accusez vous aussi le coup...

Par ailleurs, ce que la femme se doit aussi d'organiser comme les courses, les lessives, le repassage, les rendez-vous chez le médecin pour les vaccins des enfants, l'organisation des activités sportives ou culturelles et j'en passe comme préparer les repas (car pas de cantine en Allemagne) et débarrasser la table du petit-déjeuner est toujours sa mission, qu'elle travaille à l'extérieur ou pas ! Et si l'on ne peut pas faire ces tâches le matin, il ne nous reste que les après-midis avec les enfants ou les week-ends... grands moments de détente ! D'autre part, il faut savoir que les heures de garde proposées par les crèches en Allemagne et plus particulièrement à Brême, sont compatibles avec les horaires de travail allemands mais pas forcément avec un rythme français. Habituellement, les Allemands commencent à travailler tôt le matin (8h) pour terminer aux alentours de 16h ou 17h. Il est amusant de remarquer que chaque fois que je rends visite à mon mari (cadre dans une entreprise de logistique) aux alentours de 17h30, les bureaux sont pour la plupart vides et ceux qui travaillent encore s'excusent presque de ne pas être encore partis ! Avec des débuts aussi matinaux, cela revient à partir de la maison aux alentours de 7h30 ce qui suppose un réveil vers 6h30 voire plus tôt en fonction du nombre d'enfants à préparer... Avoir les enfants prêts à 7h30 et quitter la maison, la table débarrassée, les lits faits, vous avez déjà en partant la sensation d'avoir une demie journée derrière vous !

Quand je récupérais ma fille à 15h, je n'avais de toutes ces tâches ménagères absolument rien fait et je devais m'y atteler à mon retour à la maison avec ma fille... C'est sans aucun doute un rythme épuisant mais sans comparaison avec celui que peuvent avoir les femmes françaises qui ne commencent pas leur deuxième (ou troisième !) journée à 17h mais à 19h ou 20h.

Ce rythme scolaire différent m'a obligée à chercher un travail qui puisse s'adapter à ces heures de gardes assez courtes. Sans famille présente sur place qui puisse me seconder et ne voulant pas avoir à payer une personne pour garder mes enfants, le travail devait se concentrer uniquement sur la matinée. Mon mari étant régulièrement en déplacement, je ne pouvais pas non plus me permettre d'avoir un poste à responsabilités me demandant également de voyager. Tout cela peut être terrible pour une femme qui a envie d'une carrière et qui s'y est préparée des années durant. Nombreuses sont celles que j'ai eu la chance de rencontrer et qui vivent cette situation comme une véritable amputation. L'une d'entre elles, responsable qualité dans une chaîne d'hôtels de grande renommée, a résidé plusieurs années à New-York, Hong-Kong ainsi qu'en Afrique du Sud. A la naissance de son petit garçon, elle décide de rentrer à Brême où réside son mari. Brême, ville de 700 000 habitants, comprenant un seul hôtel de la chaîne... Le télétravail a pu marcher quelques mois mais ses responsabilités lui demandaient de se déplacer dans les hôtels ayant déjà le label et dans tous les autres qui en faisaient la demande... Seule responsable de son fils, son mari architecte ayant une belle situation avec de grandes responsabilités, ses parents résidant dans le sud de l'Allemagne, elle réfléchit à employer quelqu'un à demeure, commence à échafauder un planning de garde pour finalement se réveiller en pleine nuit et réaliser que tout était utopique : théoriquement, cela pourrait fonctionner mais que se passerait-il alors si son absence coïnciderait avec celle de son mari et qu'à ce moment-là, son fils tombait malade ? Elle refusa alors un grand contrat en Asie et se résigna à accepter un travail sans responsabilité et moins bien payé. Aujourd'hui, son fils âgé de 2 ans, fréquente un groupe de jeux (*Spielkreis*) trois matinées par semaine, 2h à chaque fois et passe le reste de son temps avec sa maman.

A Brême, le manque de structures de garde a eu sur ma vie un effet contraire. Du fait des nombreux déménagements et des métiers différents que j'ai pu exercer, je plutôt favoriser la diversité que l'excellence. Le fait que je me trouvais à la naissance de ma fille, limitée et privée de liberté car contrainte de respecter ces horaires, m'a fait prendre conscience d'un malaise : certes, j'avais travaillé la première année tous les matins avec le stress des horaires dont je parlais précédemment mais cette vie-là ne me correspondait pas, quelque chose m'échappait. Je réalisais que je n'arrivais ni à m'épanouir pleinement dans le rôle de mère ni à m'investir réellement dans mon travail. Je devais trouver un autre équilibre dans lequel je puisse m'épanouir davantage. Contrairement à ce que pouvaient ressentir d'autres femmes, je ne cherchais pas à me débarrasser davantage de mes enfants pour travailler plus mais à préserver au contraire tout le temps que m'offrait l'Allemagne pour voir grandir mes enfants, tout en m'épanouissant dans autre chose. J'étais à la recherche de l'équilibre, de la juste mesure.

Je suis persuadée que si j'étais restée en France, je n'aurais pas pu entamer cette réflexion car la société ne m'en aurait pas fait la proposition et ne m'aurait peut-être pas comprise. Même si depuis quelques années, de plus en plus de femmes reprennent le travail et acceptent de confier leur enfant à une crèche, il reste encore ancré dans la culture allemande que le rôle de la mère est de rester aux côtés de son enfant.

Le statut d'indépendante m'est alors apparu comme une évidence : concernant mes horaires de travail, mes absences en cas de maladie de mes enfants, mes vacances, je n'aurais de compte à rendre qu'à moi-même. Certes, cela représentait bien évidemment plus de risques et plus de frais mais la part de flexibilité et de liberté que j'entrevoyais me séduisait. Il ne me manquait plus que l'idée : j'essayais alors de trouver ce qui me permettrait de vivre mon statut de femme et celui de mère avec plus d'harmonie, un rôle dans lequel je puisse me sentir utile en apportant, grâce à ma culture française, un changement dans la vie des femmes allemandes ou étrangères qui m'entouraient.

J'avais trouvé : je me devais de créer une structure de garde, personnalisée, pour permettre aux femmes, salariées ou pas, <u>d'avoir le choix</u> de faire garder leurs jeunes enfants. Je voulais voir si d'autres femmes comme moi étaient frustrées de ne pouvoir laisser leur enfant, si elles ressentaient également l'envie d'avoir du temps pour soi, d'être libres à nouveau ne serait-ce que pour quelques heures. Je me mis donc à réfléchir au concept et à examiner les crèches déjà existantes.

Mais afin de mieux répondre à leurs éventuels besoins, je me devais de bien analyser comment la société des mamans fonctionnaient.

Il y avait d'une part les crèches, comme je l'ai expliqué précédemment, en nombre très limité. De plus, l'encadrement de l'enfant qu'elles proposaient me paraissait amateur voire inconsistant et le temps libre de la mère était significativement réduit. Il s'agissait le plus souvent de *Eltern Verein*, autrement dit crèches parentales où les parents sont très sollicités : roulement pour laver les locaux, le linge, les jouets ; faire la cuisine pour l'ensemble de la crèche une fois par mois, obligation de seconder l'assistante maternelle une semaine par mois ; des horaires de garde (7h-16h) parfois trop longs pour un enfant de moins de trois ans et pas forcément en accord avec l'activité de la mère.

D'un autre côté, je ne devais pas non plus oublié un point capital dans la culture allemande : l'habitude et le devoir des mères de s'occuper de leur enfant pendant les trois premières années de leur vie. Je savais que de nombreuses activités étaient organisées pour que la mère et l'enfant profitent aussi de ce temps ensemble. Ce sont les fameux *Eltern/Mutter/Vater-Kind Gruppe*, qui rassemblent les parents d'enfants du même âge et qui participent ensemble à des activités de tout type (bricolage, sport, petit-déjeuner, jeux, musique, etc.). Ces associations pullulent car comme les Allemands eux-mêmes le disent : « Il suffit de deux hommes pour donner naissance à une loi, de trois pour créer une *Verein* ». Et ils n'ont pas tort. On trouve des *Vereins* en nombre important (800 dans la seule ville de Hambourg riche de 1,7 Millions d'habitants) et concernant tout type d'activités : couture, canoë-kayak, tennis, mères seules, veufs, etc. La « jeune » mère n'est donc pas laissée seule et isolée mais jouit au contraire de multiples possibilités pour rencontrer d'autres mères et échanger avec elles sur ce qu'elles vivent. Personnellement, je n'ai pas été très adepte de ce type de rencontres car passer des matinées ou des après-midi entières à discuter couches, biberons et nuits entrecoupées de pleurs ne m'apportait rien.

Ce qui en revanche m'a semblé extrêmement bien fait et adapté à l'enfant étaient ces « cours de sport » proposés aux mamans ou aux papas accompagnés de leur enfant. Ils durent entre 45 et 60 minutes dans un gymnase, sont encadrés par un animateur et réunissent parfois une vingtaine de parents. Après les chansons habituelles de bienvenue, des petits jeux sont proposés pour renforcer la confiance et la complicité parent-enfant. La dernière demi-heure, l'enfant est libre de s'amuser comme il le souhaite dans une grande salle équipée de trampolines, toboggans, matelas et coussins divers. Beaucoup de mamans s'y rendent une à deux fois par semaine et en sont ravies. Elles peuvent ainsi prendre le temps le matin de se préparer et de s'occuper de leur enfant sans le stresser, puis de se rendre au sport. Même si le cours ne dure qu'une heure, c'est une activité qui les occupe toute la matinée. Elles sont ensuite de retour à la maison pour le repas du midi et la sieste. Les après-midi, quand le soleil est de la partie, c'est le traditionnel tour au *Spielplatz* qui est au programme. Il s'agit d'aires de jeux en plein air, équipées de magnifiques structures en bois et que l'on trouve en grand nombre dans chaque quartier. Elles sont le lieu de rencontre des familles qui s'y rendent le plus souvent à pied ou en vélo et qui s'y retrouvent pour prendre ensemble le *café au lait*, emporté dans des thermos.

Je m'efforçais donc de garder dans mon concept les valeurs qui semblaient importantes à la société allemande tout en y ajoutant celles de la société française qui me semblaient pertinentes.

Nous sommes en 2006. Le concept de *Meeteinander* se met en place : j'optais pour un *Spielkreis* (littéralement «groupe de jeux») mot et structure connus aux yeux des mères allemandes. Il réunit de plus petits groupes qu'en crèches (entre huit et dix le plus souvent) et seulement quelques heures par semaine. Je souhaitais en créer un privé, de façon à ce que les parents ne doivent en aucun cas donner de leur temps pour partager les tâches communes. Enfin, et c'est sur ce point que mon concept était à l'extrême opposé de ce que les *Spielkreis* proposaient, il offrirait un encadrement professionnel et un programme d'apprentissage « à la française ».

Pour en avoir observé plusieurs en raison de l'absence de la maîtresse ou de la stagiaire, j'ai pu m'inspirer de cette petite expérience. Le petit groupe d'enfants y était encadré par une éducatrice (dont la formation jusqu'à récemment était assez succincte) et passe les deux ou trois heures qu'il y est à jouer, activité fondamentale à cet âge certes, mais sans être forcément accompagné dans son apprentissage. Sans faire de caricatures, j'ai souvent vu (et le vois encore à l'école maternelle de ma deuxième fille aujourd'hui) les éducatrices assises par terre, observant les enfants autour d'elles et ne leur proposant comme activité « obligatoire » que le rituel des chansons en début de matinée et le petit-déjeuner. Je n'arrivais pas à comprendre comment un enfant du haut de ses 18 mois puisse trouver seul où il pouvait aller jouer, comprenne pourquoi un autre lui avait enlevé son jouet ou tiré les cheveux et apprenne le sens et l'utilisation de ce qu'il avait dans la main si personne n'était là pour l'aider et le guider. Cela offrait à mes yeux un spectacle assez confus : les enfants étaient libres de crier, de courir, de se déplacer dans l'espace comme bon leur semblait, de jouer avec tout ce qu'ils souhaitaient et de changer de jeux autant qu'ils le souhaitaient : dans un sens, les structures étaient effectivement *kinderfreundlich* car elles laissaient aux enfants le temps nécessaire pour jouer mais de l'autre, c'était une vraie cacophonie et un apprentissage assez flou.

Je dois avouer cependant que cela fonctionne car j'ai pu observer à plusieurs reprises des enfants, âgés d'à peines 4 ans, monter sur un escabeau pour attraper un livre, l'ouvrir à une page précise, allumer la photocopieuse, placer le livre ouvert en s'assurant de ne pas dépasser les traits du format A4, refermer le couvercle, appuyer sur le bouton, ouvrir le couvercle, refermer le livre, le ranger à sa place, prendre la photocopie et aller s'asseoir à une table qu'ils avaient pris soin de recouvrir au préalable de la toile cirée destinée au bricolage. Ils se mettaient à colorier, le tout dans un brouhaha sans nom et sans n'avoir rien demandé à personne. Je m'incline car c'est tellement à l'opposé de ce que l'on connaît en France ! Les mamans françaises, et j'en fais partie, accompagnent sans cesse l'enfant dans ses apprentissages, que ce soit à la maison ou dans les parcs publics : quand il veut monter sur la structure de jeux, quand il veut se balancer ou glisser sur le toboggan. Elles le poussent, lui interdisent l'accès à certains endroits, montent derrière lui sur l'échelle au cas où, lui demandent sans arrêt de se taire, de faire attention, de demander pardon... En Allemagne, l'enfant est seul dans sa découverte du jeu et de l'Autre : il est libre de s'essayer à tous les jeux, parfois au risque de s'y faire mal mais attention, contrairement aux apparences ou à ce que nous, Françaises, pourrions penser, ce n'est pas de la négligence mais une volonté de les laisser découvrir et apprendre d'eux-mêmes. J'avoue être dérangée à présent sur les aires de jeux en France et ressens l'envie de dire aux parents de laisser leur enfant souffler !

C'est grâce aux formations que j'ai suivies à Brême que j'en suis arrivée à comprendre les objectifs de cet encadrement. Leur objectif principal est en fait de développer l'autonomie de l'enfant : celui-ci doit arriver à trouver tout seul ce qui l'intéresse, ce qu'il souhaite faire, avec qui il souhaite le faire et comment il souhaite le faire. Dans les jardins d'enfants allemands, l'enfant est libre de s'orienter vers l'activité qui lui plaît : il peut avoir envie de jouer aux légos dans le coin de construction, faire un puzzle ou jouer à un jeu de société, lire un livre ou dessiner ou bricoler (scier du bois avec une véritable petite scie, planter des clous sur une planche, faire des photocopies soi-même de dessins à colorier, faire de la peinture). Pour procéder à toutes ces activités, il est maître à bord. Il faut savoir que nous parlons ici d'enfants âgés de trois à six ans, laissés volontairement ensemble dans le même groupe. Même si j'observai avec admiration combien les enfants pouvaient se débrouiller seuls et entreprendre de grands projets, je dois avouer aussi combien j'étais désemparée devant les plus petits qui semblaient être plus perdus qu'épanouis. Je les voyais souvent pleurer tout seul sur leur banc ou rester collés à la maîtresse dans l'espoir qu'elle les prenne par la main et leur propose quelque chose.

Ce que j'ai pu observer dans les jardins d'enfants allemands me semble toutefois extraordinaire et le résultat bien visible. Les enfants allemands sont indéniablement très indépendants, responsables et capables de gérer seuls leur temps. Il faut dire qu'avant l'école primaire, ils n'ont jamais été confrontés à la notion de travail obligatoire en groupe et à son inertie. Les seules obligations quotidiennes qu'ils doivent respecter et faire en groupe sont le *Morgenkreis* (ronde du matin avec des chants ou des histoires) et le *Frühstück* ; le restant de la matinée étant consacrée au *Freispiel,* jeu libre décrit ci-dessus. Il n'est donc jamais dans la situation où il se voit dicter sa conduite ou son activité et n'est donc pas habitué à attendre qu'un tiers lui propose des choses à faire. J'ai le souvenir de visites d'amis français dont les enfants semblaient perdus devant l'absence de programme pour la journée. Ma fille, alors âgée de 5 ans, ne comprenait pas cette attente et leur répondait : "Mais tu fais ce que tu veux !" Ce sont justement ces qualités que le jardin d'enfants allemand vise à développer chez l'enfant avant l'entrée à l'école primaire.

De même quand les éducatrices choisissent de n'intervenir que quand les enfants se disputent et quand ils n'arrivent pas à résoudre seuls le problème, cela répond au même objectif : forger le caractère de l'enfant et lui permettre de se défendre tout seul.

Côté discipline, il est très mal vu que la maîtresse leur impose quoique ce soit, cela irait à l'encontre du libre arbitre et de l'imagination de l'enfant. Par conséquent pour le niveau sonore, bien que chaque institutrice réagisse de façon différente, la pratique est souvent de ne pas réagir au premier cri, loin de là. Si les enfants jouent à un jeu de rôle, ce qui arrive assez souvent à cet âge, et que l'un d'entre eux joue au lion, on va le laisser rugir à volonté car il serait impensable de lui demander d'être un lion silencieux, cela n'existe pas. Or, dans un groupe de 20, il n'est pas rare qu'il y ait d'autres enfants qui souhaitent incarner d'autres animaux et c'est là que ça se complique. La maîtresse de Lucie m'a un jour expliqué comment elle travaillait. Elle n'intervenait que si un enfant s'était fait mal, s'il n'arrivait pas à se défendre des autres, si elle sentait que l'enfant s'agitait parce qu'il n'arrivait pas à s'occuper tout seul ; le reste du temps, elle n'était là qu'en observatrice. Elle en vint malgré tout à équiper sa classe d'un feu qui passait au rouge dès que le niveau sonore était trop élevé. C'était une façon ludique de faire prendre conscience du niveau de bruit sans user de son autorité.

J'aimerais raconter ici une anecdote survenue (hélas, dois-je avouer) à plusieurs reprises. Parfois, les après-midi, nous nous rendions dans une salle des fêtes de quartier assister à un spectacle de marionnettes. Même s'il était stipulé sur le programme que ce spectacle s'adressait à des enfants âgés de 3 ans, s'y retrouvaient inévitablement les petits frères ou les petites sœurs. Je n'ai évidemment rien contre mais âgé de quelques mois, la capacité à rester concentré est plus limité. Le nombre de fois où je n'arrivais pas à entendre les dialogues des marionnettes tellement les petits tapaient du pied ou parlaient à côté de moi. Le plus incompréhensible pour moi était de voir l'inertie des autres spectateurs et même du responsable de la salle. Aucun ne tournait la tête vers l'enfant en question, aucun ne semblait gêné par ses cris stridents et répétés, aucun ne semblait les entendre. J'ai dû prendre sur moi pour agir de la sorte et cesser de me retourner toutes les trente secondes pour assassiner la mère du regard…On a ainsi souvent l'impression que les enfants ont tous les droits et que le bruit qu'ils font n'est pas forcément un problème pour les autres… grand paradoxe de la culture allemande quand on voit pourquoi j'ai dû fermer *meeteinander*… Une copine française, mariée à un

Allemand et confrontée à la même situation me donnait récemment son analyse : d'après elle, les parents allemands ne disent rien parce qu'ils n'osent pas s'affirmer vis-à-vis de leur enfant et du reste de la société, qui pourrait les targuer de despotes... Elle m'avouait ensuite, qu'en présence de ses beaux-parents, elle n'arrivait plus à être la maman « française » (comprendre avec ses règles « strictes ») qu'elle est normalement au quotidien : ils ne comprenaient pas qu'elles puissent demander à ses enfants de rester assis à table, de ne pas manger de glace avant le repas, de ne pas courir entre les tables d'un restaurant... Amusant de voir qu'en France, ses propres parents la trouvent au contraire trop permissives...

Malgré le fait que ce système a certainement du bon car au final, les enfants allemands, certainement plus autonomes que les petits Français, deviennent des adultes travailleurs et ont une économie puissante, j'avoue ne pas être arrivée à m'y résoudre. D'un côté, le système éducatif français me paraissait trop stricte, trop encadré, trop directif ; de l'autre, l'allemand de par la liberté qu'il laisse aux enfants, me déstabilisait et me faisait douter. Je voulais arriver à un compromis. Avec *meeteinander*, je souhaitais donc permettre aux enfants de découvrir la joie de partager, en petit groupe et en respectant une certaine discipline, un certain nombre d'activités manuelles, artistiques ou musicales, tout en étant guidés et aidés par du personnel formé et en nombre suffisant.

Meeteinander est donc né le 1.01 2007 avec deux employées. Tous les matins de la semaine de 8h15 à 12h15, par groupe de 6 enfants maximums (âgés de 1 à 3 ans), je proposais un éveil encadré en espagnol/allemand les lundi et mardi et en français/allemand les mercredi, jeudi et vendredi. Je ne voulais pas permettre aux enfants de faire la sieste chez moi car j'estime que c'est un moment capital pour l'enfant et qu'il doit pouvoir dormir quand il le souhaite, autant de temps qu'il en a besoin et ne pas devoir être réveillé par les autres ou devoir s'endormir à une heure fixe. Des plages de jeu libre étaient évidemment prévues pour permettre à l'enfant de se construire et de se connaître mais ce jeu libre était encadré par l'éducatrice qui à la demande, jouait avec l'enfant ou restait à ses côtés pour expliquer ce que l'enfant ne comprenait pas. Une demi-heure par matinée était consacrée à une activité que leur proposait l'éducatrice. L'enfant avoir alors le choix d'y participer ou pas mais il avait au moins la possibilité de voir ce que les autres faisaient et d'en apprendre les règles : savoir attendre son tour, savoir rester assis, savoir écouter, s'ouvrir, découvrir. En fonction de l'activité proposée et de l'humeur du groupe, la demi-heure était parfois réduite à quelques minutes mais on sentait à chaque fois l'intérêt grandissant et un bonheur inouï de l'enfant à qui on permettait de participer à quelque chose et à qui on confiait des missions (mettre la toile cirée, la nettoyer, distribuer les feuilles de papier). La discipline et l'encadrement n'étaient pas un obstacle à la créativité et à l'imagination de l'enfant.

Le concept a très vite marché même si au départ, les mamans allemandes prenaient rendez-vous avec moi pour en savoir un peu plus et s'assurer qu'elles n'étaient pas des « mauvaises » mères si jamais elles décidaient d'y inscrire leur enfant. Certaines sont même revenues me voir accompagnées de leur mari avant de prendre leur décision. Elles accueillaient avec une grande joie les activités dites «obligatoires» car elles voyaient que le jeu libre continuait d'occuper une grande place dans le programme de la matinée.

La première année, peu d'enfants restait jusqu'à 12h15 car les mamans préféraient les récupérer avant le repas de midi et les faire manger à la maison ce qu'elles préparaient ou ce que l'enfant connaissait mais rapidement, elles réalisaient le stress que cela représentait à la fois pour elle et pour l'enfant. Et l'année suivante, tous les enfants inscrits restaient manger... Je proposais un repas chaud, bio, servi à 11h30 pour laisser à l'enfant le temps nécessaire d'en profiter, puis de se laver les dents avec ses camarades et enfin, d'avoir encore un peu de temps pour jouer avant la chanson qui clôturait la matinée. En général, le temps qu'il arrive à la maison, il s'endormait.

Ce qui les enchantait, outre le simple fait qu'une telle structure existât, était la chaleur humaine qui régnait dès le matin. J'avais observé parfois que dans les *Spielkreis*, l'enfant était le bienvenu mais l'accueil n'était pas toujours personnalisé. Les éducatrices de *meeteinander* avaient au contraire comme consigne d'accueillir individuellement chaque enfant et de ne pas avoir peur d'établir un contact avec l'enfant, si celui en témoignait l'envie ou le besoin. Elles devaient considérer l'enfant comme un être à part entière et se consacrer à lui en l'écoutant, en lui répondant, en établissant avec lui une communication complète et constante.

Grâce à ce projet, j'ai pu rencontrer beaucoup de femmes allemandes et m'apercevoir à quelle vitesse la mentalité évoluait. Combien doutait et culpabilisait la première année de confier leur enfant à une personne «inconnue», ne faisant pas partie de la famille proche et alors qu'elles n'étaient pas obligées de le faire. Elles craignaient que cela le traumatise, qu'il lui en veuille ou que son entourage les critique. Et combien sont passées d'une matinée à deux voire trois par semaine, réalisant le bien que cela faisait à leur enfant d'être au contact d'autres enfants de son âge et d'apprendre très jeune à se séparer de sa maman. Elles redécouvraient également le plaisir de s'accorder un peu de temps pour soi.

Comme j'avais refusé de créer une *Verein*, j'avais le statut de crèche privée et n'avais droit à aucune aide financière de la part de la ville. J'ai été « inspectée » par le *Amt für Soziale Dienst* (Ministère des Affaires Sociales) et la personne responsable était littéralement tombée sous le charme du concept. Lors d'un entretien, à ma grande surprise, elle insista sur le fait que je ne pouvais, en aucun cas, bénéficier d'une aide quelconque pour la simple et unique raison qu'elle et la Ville ne pouvaient se permettre de cautionner un concept qui avait valeur de « bombe » au sein de la culture allemande. Elle me disait :

« Comment pourrais-je justifier que nous subventionnons une institution qui accepte les enfants de mères au foyer, sous entendant n'ayant pas l'obligation d'aller travailler, à un prix relativement élevé par rapport aux crèches municipales et en proposant en plus un semi programme pour des enfants si jeunes » ? Elle m'avait alors conseillé, pour réduire mes coûts, de faire une croix sur un point phare de mon concept : au lieu de deux éducatrices pour 6 enfants, je devais tout simplement n'en employer qu'une et accepter plus d'enfants. Mon refus fut catégorique. Mais plus que cette proposition, ce qui me choqua le plus était, qu'à ses yeux, la femme qui n'était pas dans l'obligation financière de travailler, n'avait pas le droit de laisser son enfant. Elle en oubliait de fait le cœur même de mon projet, à savoir la sociabilisation de l'enfant. Comment pouvait-on aujourd'hui encore penser qu'il était préférable pour un enfant de rester pendant les trois premières années de sa vie uniquement avec sa mère ? Loin de me décourager, cela renforça ma motivation et je me mis alors à réfléchir à une solution qui me permettrait de rentrer un peu plus dans mes frais. Car, vous l'aurez compris, c'était là le hic : devoir payer deux éducatrices formées avec comme seule rentrée financière le paiement de 6 enfants maximum était loin d'être rentable. Pourtant, je n'avais pas de loyer à payer étant donné que j'avais la chance de pouvoir utiliser le dernier étage de notre maison qui disposait d'une entrée indépendante et qui était, aux yeux des enfants et des parents, un véritable paradis. Ce grenier de 65 m2 possédait douze velux et offrait une lumière et une vue unique par tout temps.

Mais je savais que c'était du provisoire : j'avais voulu tester le concept, et après 3 années d'exercice, je sentais qu'il fallait séparer mon espace de vie privée de celui de ma vie professionnelle. Je n'avais d'autre solution que de louer un local. Je pourrais ainsi étendre l'offre aux après-midi, ce qui, tant que *meeteinander* était chez moi, était trop difficile à gérer. La recherche d'un local ne fut pas chose facile : je ne trouvais que des bureaux, aux moquettes bleues et fenêtres carrées ; des appartements accessibles par ascenseurs et qui s'avéraient de toute façon inaccessibles dès que j'annonçais l'utilisation que je voulais en faire. Combien de refus ai-je dû essuyer de la part de l'agent immobilier, qui parfois embêté, m'évoquait le fait que les copropriétaires avaient bien clairement signalé qu'ils ne souhaitaient pas louer cet appartement à une famille (sous-entendu à des adultes accompagnés d'enfants !). Le pire est que cette attitude n'était pas uniquement vis-à-vis d'une crèche -ce que j'aurais bien pu comprendre-, mais bel et bien vis-à-vis de couples à la recherche d'un appartement. Je pense à cette copine française, âgée d'une trentaine d'années et mère de deux enfants de cinq et deux ans, qui s'est vu refuser un appartement pour la simple et unique raison qu'elle avait des enfants...

Un soir, je tombai sur une annonce sur internet : il s'agissait d'une magnifique petite maison de plain-pied, avec un jardin clôturé, de taille idéale (110m2), équipée d'une salle de bain et d'une cuisine ainsi que de trois chambres et d'un grand salon ouvrant directement sur le jardin. Le seul bémol était qu'elle était à vendre et non à louer... J'allai faire la première visite même si cette prise de risque était pour moi (et pour mon mari aussi !) source de stress et pas prévue du tout au programme. Hélas, ce fut le coup de foudre et nous y retournâmes tous les deux le lendemain après-midi. Mon mari fut également subjugué. L'un de ses grands atouts était son emplacement : elle était mitoyenne d'un jardin d'enfants comprenant plus de

90 enfants de trois à six ans. Le bruit que mon groupe de « petits » allait rajouter à cela ne pouvait à mes yeux représenter un quelconque problème pour les voisins.

C'est alors que le parcours du combattant commença. Il fallait en effet s'assurer que nous aurions l'autorisation de la ville pour transformer ce lieu d'habitation en lieu commercial. Mais toutes ces démarches allaient prendre du temps et la propriétaire, d'après l'agent immobilier, n'était pas disposée à attendre. Nous demandâmes alors à un architecte d'effectuer une expertise précise de la maison et de relever les éventuelles anomalies. A ses yeux, tout semblait normal et en très bon état. Seul le prix de vente restait à négocier. Mais comment prendre le risque d'acheter cette maison sans avoir la certitude de pouvoir y créer *meeteinander* ? Il me proposa de constituer un dossier pour le présenter au plus vite au *Bauamt* (Ministère du bâtiment) qui, moyennant 500 euros pouvait donner une première réponse dans les deux à quatre semaines suivant le dépôt du dossier. Nous essaierions pendant ce temps de faire patienter la propriétaire. Avec les plans de la maison, je commençai par me rendre chez les pompiers. Je dois avouer que malgré le stress qui m'envahissait avant chaque rendez-vous, malgré la peur d'essuyer un refus et la peur de devoir faire toutes ces démarches en allemand, je fus agréablement surprise par l'accueil, le professionnalisme et l'efficacité de l'administration allemande. Ce fut sur internet que je trouvais l'adresse de plusieurs bureaux de pompiers à Brême et que le premier rendez-vous fut pris. Une fois dans les locaux, c'est avec le sourire et un grand sens de l'humour que je fus reçue et qu'ils prirent connaissance de mon dossier. Ils me rassurèrent aussitôt sur l'évolution positive qu'il allait certainement avoir. Ils me rappelèrent en effet deux jours plus tard pour me confirmer que cette maison était aux normes pour y garder des enfants de moins de trois ans. Je fis les mêmes démarches auprès de l'organisation responsable de l'hygiène qui désira la visiter avant de se prononcer. Cela fut réglé en l'espace d'une semaine. Je m'adressai ensuite à la personne du *Amt für Soziale Dienst (*Ministère des Affaires Sociales) qui était venue plusieurs fois inspecter *meeteinander* pour savoir si le règlement concernant le statut, les employés, les horaires de travail devaient être modifiés du fait du déménagement. Cela fut plus long à vérifier et ce fut un après-midi où j'étais collée à mon écran d'ordinateur pour lui répondre que le téléphone sonna. C'était l'agent immobilier qui nous demandait une réponse car une autre famille, des Français, voulaient également acheter cette maison et avaient fait une offre. Je crus que le sol se dérobait sous mes pieds et je fus prise de vertige. Je n'étais pas prête, je n'avais pas encore réuni toutes les pièces du dossier et le *Bauamt* avait besoin d'au minimum deux semaines pour se prononcer. C'était une folie de s'embarquer dans cette aventure sans savoir non plus si j'allais avoir suffisamment d'inscriptions pour pouvoir payer et mes employées et le remboursement de l'emprunt. Je me suis alors posée la question : « Comment me sentirais-je si la maison nous passait sous le nez ? »

Je regardai mon mari qui avait encore le combiné dans la main et me surpris à lui dire : « On la prend !» Une fois le dossier terminé, je le remis à l'architecte qui se dirigea confiant vers le *Bauamt*. Je n'ai pas osé lui dire que nous avions donné notre engagement et que nous ne pouvions donc pas attendre la réponse du *Bauamt*. Quelques jours plus tard, alors que nous étions assis chez le notaire, mon téléphone portable sonna. Je décrochai. C'était l'architecte qui ressortait du *Bauamt* et qui me disait que la personne qu'il avait rencontrée lui avait fait comprendre qu'il y avait 90% de chances que nous recevions leur autorisation. Je le remerciai et lui avouai où je me trouvais. J'entends encore son angoisse : « Mais vous ne pensez tout de même pas signer aujourd'hui ? » et moi de devoir m'excuser et de raccrocher. Je retournai auprès du Notaire pour apposer ma signature sur le contrat de vente. Nous étions fin Juin 2009.

A notre retour de vacances mi Juillet, je m'étonnai de n'avoir rien reçu de la part du *Bauamt*. J'appelai l'architecte qui, gêné, m'avoua qu'il avait reçu un courrier la semaine précédente lui posant des questions supplémentaires sur le concept (heures d'ouverture, nombre d'enfants, âge, nombre d'éducatrices, etc.) mais que depuis, il n'avait plus de nouvelles. Je le priai de s'y rendre l'après-midi même et de me tenir au courant. Il ne me restait que quelques semaines pour prévoir la rentrée qui devait avoir lieu début septembre et je ne pouvais me permettre de faire attendre les parents plus longtemps. De plus, il nous fallait faire des travaux de peinture et de mise aux normes des sanitaires et nous ne pouvions engager ces frais qu'une fois l'autorisation reçue. Deux jours passèrent sans que l'architecte n'ait pu entrer en contact avec le responsable du *Bauamt*. J'en fus exaspérée et me rendis personnellement dans cet immense bâtiment. La première fois, j'en ressortis bredouille car la personne de la réception, voyant que je n'avais pas de rendez-vous, refusa de me laisser passer. Je ne m'y laissai pas prendre une deuxième fois et prétextai dès le lendemain être attendue. Cela ne m'apporta hélas pas grand-chose. Je me retrouvai face à un homme d'une cinquantaine d'années, dont le bureau disparaissait sous des piles informes de dossiers abondants et qui, après m'avoir demandé de m'asseoir, m'annonça sur un ton froid (comprendre sans émotion audible ni visible), qu'il n'était pas en mesure de se prononcer avant le retour de sa responsable, actuellement malade. Qu'à cela ne tienne, nous étions aujourd'hui mercredi, cela nous amenait donc au lundi de la semaine suivante. C'est alors qu'il m'expliqua que sa responsable n'était pas atteinte d'une grippe mais d'une dépression et qu'elle séjournait actuellement à l'hôpital. Personne et encore moins lui ne pouvait se prononcer sur la date de son retour éventuel. Tous mes espoirs s'écroulèrent.

Même si, même dans l'éventualité où à son retour, la réponse était positive, je ne pouvais remplir l'engagement que j'avais pris auprès des parents : garder leurs enfants dès le 1er Septembre. En prévision du déménagement, j'avais évidemment accepté plus de demandes et me voyais donc dans l'obligation d'en inscrire quelques-uns sur liste d'attente. C'était un échec. Je me relevai, dévorée par toutes les émotions possibles, et d'une voix tremblante me mis à le supplier et à lui expliquer la situation extrêmement délicate dans laquelle je me trouvais. Il m'écouta sans mot dire ni sourciller et alors que je m'attendais à un soutien voire à de la compassion, il me répondit : "Je me dois de vous dire qu'il me faut de toute façon procéder à une enquête de voisinage." Deuxième coup de massue. Nous étions fin Juillet, soit plus de 4 semaines après le dépôt du dossier et il osait m'annoncer une étape dont il n'avait jamais fait mention auparavant. Il voulait la mort de mon projet. Il m'expliqua, toujours aussi calme et détaché, qu'il allait envoyer une lettre (dont il ne pouvait évidemment pas me révéler le contenu) à chacun des voisins (soit 12 maisons) pour leur demander leur avis. Je sentis l'angoisse monter en moi. Lors de la recherche du lieu, j'avais été confrontée à de nombreux refus dès qu'il s'était agi d'enfants et il ne pouvait en être autrement. Jamais ils n'autoriseront *meeteinander* à s'installer à côté de chez eux. C'était fini. En pleurs, je lui demandai quel était le délai dont les voisins bénéficiaient pour se prononcer. Deux semaines. Je le priai de m'avertir au plus vite et sortis, démantibulée.

Je passe sous silence les heures qui suivirent cette entrevue glaciale mais alors que tous les espoirs s'étaient évaporés, l'appel d'une amie, maman de *meeteinander*, me redonna l'envie et la force de me battre. Elle me proposait de rédiger une lettre dans laquelle j'allais expliquer le projet et le concept de *meeteinander*. Elle m'accompagnerait ensuite dès le lendemain matin pour aller la remettre en main propre aux douze propriétaires des maisons voisines. Cela me donnerait ainsi l'occasion de me présenter et de les rencontrer personnellement avant qu'ils ne reçoivent cette lettre anonyme du *Bauamt* pouvant les effrayer. L'idée était excellente !

La lettre fut écrite le soir même, envoyée par mail à cette amie allemande et renvoyée traduite et corrigée à minuit ! Jamais je n'aurais pensé, même si nos rapports avaient toujours été excellents, que cette personne s'investisse autant. Ce témoignage d'amitié et de sincérité restera pour moi l'une des plus belles expériences humaines vécues en Allemagne. Nous sonnâmes à la première porte le lendemain à 10h et ne repartîmes de notre tournée que vers 12h45. Mon amie portait courageusement son maxi-cosi dans lequel somnolait sa deuxième petite fille âgée alors de quelques semaines. Elle était souriante et n'arrêtait pas de vanter auprès de ces personnes la qualité de mon projet. A notre grande surprise, des douze personnes rencontrées, aucune n'émit de crainte ni de réticence face à la venue soudaine de plusieurs petits enfants à côté de chez eux. L'un d'entre eux nous expliqua même qu'il était maintenant à la retraite et qu'il aidait plusieurs crèches associatives pour réparer les jouets et qu'il se tenait à notre disposition ; un autre nous parla de sa femme institutrice pour montrer à quel point l'enfant leur paraissait la plus belle cause dans la vie ; une dame âgée de plus de 85 ans et atteinte de grande surdité, plaisanta même en disant que si un jour elle venait à se plaindre du bruit des enfants, cela serait bon signe car cela voudrait dire qu'elle entendrait à nouveau. Alors que nous partions, une dame nous interpella. Elle venait de trouver notre lettre et souhaitait nous avouer qu'elle n'accueillait pas avec un grand sourire cette nouvelle car son jardin était mitoyen de celui de "ma" future maison. Son mari faisait la sieste tous les après-midi et cela allait certainement le contrarier. Je me proposais alors de prendre un rendez-vous à sa convenance pour que nous puissions en discuter plus tranquillement. Elle réfléchit puis me dit : "Nous allons faire différemment : laissez-moi en parler à mon mari et si jamais je vois qu'il a besoin d'être convaincu, alors je vous appelle. Car après tout, je suis grand-mère de deux enfants et je vois combien ma fille galère car elle n'a pas eu de places en crèche pour ses enfants alors ce serait un comble que je m'oppose à votre projet. Vous ne trouvez pas ?" C'est vous qui le dîtes... C'est donc la gorge sèche et les jambes lourdes que nous sommes reparties mais le cœur rempli d'espoirs et d'images positives et accueillantes. De retour à la maison, je me précipitai sur mon ordinateur et rédigeai un courriel pour le responsable du *Bauamt*. Je lui racontai la matinée et lui dis la confiance qui m'habitait. Je le priai cependant de bien vouloir me tenir au courant même si cela n'était certainement qu'une formalité à mes yeux, la bataille étant déjà pratiquement gagnée.

La nuit, une journée, une nuit passèrent sans réponse. Un après-midi, après être allée chercher mes filles au jardin d'enfants, j'ouvris ma boîte de réception et vis un courriel envoyé par le *Bauamt* à 5h45 du matin... Il m'y annonçait que pour l'instant, toutes les réponses des voisins étaient négatives... Je ne sentis plus mon corps. Je tentai de me relever, me dirigeai comme une somnambule vers la cuisine où mes deux filles m'attendaient, affamées. Je leur servis à manger, me rassis et éclatai en sanglots. Je ne me contrôlais plus et m'en voulais de me donner ainsi en spectacle devant mes deux filles qui se mirent sur le champ à m'imiter, sans comprendre pourquoi leur maman avait soudainement mal à en pleurer. J'entends encore mon aînée me demander : "Comment il s'appelle celui qui t'a parlé méchamment maman ?"...

Je n'arrivais plus à imaginer qu'il puisse y avoir un revirement de situation. Pour moi, la bataille était terminée et perdue. Après le dessert, une fois mes corvées de maman achevées, je me rassis devant mon ordinateur et informai l'architecte de cette nouvelle. Il fut également choqué et me demanda de ne pas recontacter le *Bauamt* mais de les laisser au contraire se manifester. Cette attitude passive, cela va sans dire, ne correspondait absolument pas à ma stratégie. Je contactai donc mon avocat et après lui avoir expliqué la situation, lui demandai s'il acceptait de m'accompagner dès le lendemain matin au *Bauamt*. Il réagit avec professionnalisme et efficacité. Il me demanda de me rendre à son cabinet une demi-heure avant l'ouverture du *Bauamt* pour qu'il puisse prendre connaissance du dossier et vérifier la loi. J'avais pensé à lui car je ne me sentais plus la force d'affronter seule cette personne du *Bauamt*. J'avais besoin de quelqu'un de fort émotionnellement, d'irréprochable en allemand et de pointu en procédures juridiques. Cette fois-ci serait la dernière.

Mon entrevue avec l'avocat ne dura pas une minute de plus que ce qu'il avait prévu. Vive l'efficacité allemande ! Il relut les différents courriers et échanges avec le *Bauamt* puis m'expliqua quels étaient nos droits. Il ne pouvait exiger de lire les réponses des voisins mais la loi, même si elle permettait de les consulter, ne leur confiait pas le droit de véto. La décision dépendait donc uniquement du *Bauamt* et si elle s'avérait négative, il y avait toujours possibilité de faire appel. Nous sommes partis confiants et avec une lueur d'espoir, je l'avoue, dans les yeux.

Le responsable du *Bauamt* fut quelque peu surpris mais pas étonné de me voir revenir accompagnée de mon avocat et à notre grande surprise, il nous proposa immédiatement de nous remettre l'intégralité des lettres envoyées par les voisins. Nous ne pouvions espérer plus. Alors que mon avocat commençait un interrogatoire assez précis, je commençai la lecture des lettres. Je remarquai tout d'abord que tous avaient répondu par la négative sauf un, celui dont nous avions vu l'épouse et qui nous avait dit qu'elle ne se manifesterait uniquement si son mari y était opposé. Elle avait été de parole. J'entrai ensuite dans le détail de la première lettre mais mon cœur se mit soudain à battre la chamade et je dus m'arrêter. Je repris et, arrivée à la fin, je n'osai commencer la deuxième. A la moitié de celle-ci, je regardai mon avocat, les yeux remplis de larme. Il continua son interrogatoire mais devant mon regard persistant, il s'interrompit et me demanda en murmurant si tout allait bien. Je le priai de se lever et de partir avec moi. Il ne comprenait pas où était partie ma volonté de me battre, la force et la rage qu'il avait vues en moi ces dernières semaines.

"Rien n'est perdu, Hélène" me disait-il, "il ne faut pas s'arrêter là. Tout ce qu'il me dit ne tient pas la route, vous allez faire appel et avoir l'autorisation".

Il ne savait pas que pour moi, c'était fini. Jamais je ne voudrais ni ne pourrais travailler à côté de personnes capables d'autant d'ignominie, de mensonges, de méchancetés et d'hypocrisie. Comment pourrais-je demander aux parents de passer chaque matin devant les douze maisons qui bordaient l'allée et prendre le risque de croiser des personnes capables d'écrire ce que je lisais ? Comment pouvait-on me regarder dans les yeux, m'inviter à boire une tasse de thé, et me dire que c'était une excellente nouvelle d'avoir à nouveau des enfants dans le quartier et écrire de telles injures ?

Tous, à l'exception de la dame, émettaient un avis très défavorable. Les arguments qu'ils avançaient faisaient partie des grands classiques des problèmes de voisinage en Allemagne à savoir le bruit ou les places de parking que les parents allaient "leur" voler. C'est compréhensible : à tout âge, nous aimons notre confort et pouvons réagir violemment devant la peur de le voir compromis. Mais ce qui est inacceptable est de voir qu'ils ont (ou l'un d'entre eux) recherché sur Google.de des informations sur *meeteinander,* informations qu'ils avaient par ailleurs sur ma lettre, qu'ils les ont jointes à leur courrier et qu'ils s'en sont servis pour m'accuser de menteuse et de délinquante. A leurs yeux, je leur avais menti : *meeteinander* existait déjà dans ma maison et ce n'était donc pas pour *meeteinander* que j'avais acheté cette maison mais pour laver de l'argent sale ; ou pire encore, je prétendais vouloir aider les mères alors que je n'avais qu'une seule idée en tête : m'enrichir ! Et tous de terminer leur courrier en signifiant qu'ils étaient prêts, si jamais le *Bauamt* m'accordait l'autorisation, à me poursuivre en justice…

Je me levai, remerciai la personne du *Bauamt* qui, à ce moment-là, me regarda avec un brin de compassion et me dit en me serrant la main : "Vous comprendrez aisément, Madame Lacoste, pourquoi je ne vous donne pas l'autorisation. Je serais en droit de le faire mais honnêtement, en 28 ans de carrière, je n'ai jamais vu autant d'acharnement. Vous imaginez-vous vivre et travailler à côté de ces gens-là ? Je suis sincèrement désolé."

Dans l'ascenseur, mon avocat qui n'avait pas encore pris connaissance des lettres, me regardait, abasourdi. Je tentai d'avaler mes larmes, ma colère et mon chagrin pour lui donner un exemple des injures lues. Ses yeux devinrent humides, son visage pâle. Il me serra contre lui en me disant : "J'ai honte, j'ai honte d'être allemand. Excusez-nous." Nous étions le 12 Août 2009.

Depuis le début de cette histoire et jusqu'à aujourd'hui, j'ai toujours voulu croire que cela aurait très bien pu m'arriver en France. Quelle que soit la nationalité, les personnes âgées ont souvent peur de voir leur confort et leur quotidien perturbé. L'inconnu les effraie. Après l'engouement général dont on peut faire preuve face à quelque chose de nouveau, les doutes reprennent le dessus et on peut alors facilement se laisser influencer. C'est d'après mon avocat le scénario qui a pu se passer : un voisin, le "meneur", s'était certainement mis à chercher un moyen de démontrer aux autres que *meeteinander* allait leur détruire leur existence et il n'a eu qu'à frapper à chaque porte pour leur expliquer sa vision des choses. Il y avait en effet une lettre, plus longue et plus virulente que toutes les autres. Qu'importe. Le mal était fait et le projet tué dans son œuf : je ne pouvais plus ouvrir *meeteinander* dans cette maison qu'il nous fallait au plus vite revendre. J'annonçai aux parents déjà inscrits à *meeteinander* que je garderai leurs enfants encore une année, jusqu'à leur entrée en jardin d'enfants. Ensuite, le 30 Juin 2010, *meeteinander* fermerait définitivement ses portes. La revente de la maison nous ayant fait perdre beaucoup d'argent, je n'avais plus les fonds pour soutenir plus longtemps mon projet.

Quelques jours après ma mésaventure, j'apprends dans la presse qu'une autre femme avait dû abandonner son projet car le bailleur, avec qui elle avait signé un contrat de location pour un grand local, s'est désisté au tout dernier moment, de peur des retombées des voisins. A Berlin et Hambourg, des crèches ont dû mettre la clé sous la porte après de nombreuses plaintes des voisins. Le plus récent, à Hambourg, en Février 2012 une colombienne, propriétaire déjà d'une crèche bien établie, a dû renoncer à son projet : ouvrir une deuxième crèche dans le local qu'elle avait trouvé dans un immeuble abritant des bureaux d'architecte. A l'unanimité, les propriétaires se sont opposés à ce qu'elle ait l'autorisation : ils évoquèrent tout d'abord l'incompatibilité du bruit des enfants avec le travail d'architecte qui exigeait beaucoup de concentration. Comme elle ne se décourageait pas, ils évoquèrent alors la largeur trop étroite de la porte d'entrée qu'elle aurait dû remettre aux normes… avec l'accord de l'ensemble des copropriétaires. Elle se résigna et abandonna.

Des projets de loi interdisant d'évoquer le bruit que peuvent faire les enfants pour fermer ou empêcher l'ouverture d'une crèche ont fait leur apparition mais rien n'est encore officiel. Les Allemands doivent accepter que l'enfant est leur avenir et doivent être prêts à faire des compromis. Chez de nombreux jeunes Allemands persiste encore aujourd'hui l'idée qu'avoir un enfant peut être un obstacle à la carrière professionnelle et à un certain confort de vie : finies les nuits et les grasses matinées, fini le *Ruhe* (silence), finies leurs vacances en dehors des périodes scolaires, etc. Une étude du WSI (2005) estime qu'un quart voire même un tiers des femmes en Allemagne n'a pas d'enfants. Parmi les femmes ayant fait des études universitaires, cette proportion s'élève même à 40%. En France, par comparaison, seulement une femme sur dix n'a pas d'enfants.

L'Allemagne est sur ce point-là remplie de paradoxes : d'un côté, respectueuse des priorités de l'enfant en lui laissant une grande liberté à l'école et du temps les après-midi pour se consacrer au jeu, pour s'épanouir, pour s'exprimer spontanément et sans se soucier d'autrui dans des situations où nous, Français, leur demanderions de savoir se tenir, d'un autre côté, si frileuse à l'idée de cohabiter avec des enfants.

Avec les réformes qu'entreprend l'Allemagne depuis quelques années, tout cela est en train de changer et le nombre d'enfants par famille tend déjà à augmenter : alors qu'il y a quelques années, le modèle semblait celui de l'enfant unique, nombreux sont les jeunes couples avec deux voire trois enfants aujourd'hui. La réforme du système scolaire prévue pour l'année 2013 encouragera cette nouvelle tendance.

Le système scolaire allemand

Quand un enfant a six ans avant le 30 Juin, il a le droit d'entrer en CP dès le mois d'Août suivant. Il peut également rester une année supplémentaire au Jardin d'enfants, la scolarité n'étant obligatoire en Allemagne qu'à partir de l'âge de sept ans. La tendance est donc plutôt d'attendre une année supplémentaire que de scolariser son enfant trop tôt. D'ailleurs, ceux qui dérogent à cette pratique peuvent provoquer une incompréhension de la part de leur entourage et plus spécialement de la part du corps enseignant : de la part de la maîtresse du jardin d'enfants comme de la maîtresse de l'école primaire. Il existe un nom pour désigner les enfants qui se trouvent, bien malgré eux il faut le dire, dans cette situation : on les appelle les *Kann Kinder*, littéralement les enfants qui pourraient entrer à l'école mais qui ne le doivent pas. Pour eux, la décision n'est pas facile à prendre car certes, ils n'ont pas 6 ans le jour de la rentrée mais deux ou trois mois après : est-ce que cela fait vraiment une grande différence dans l'apprentissage ? Et est-ce que cela justifie le fait de devoir attendre une année supplémentaire pour scolariser son enfant en CP à presque 8 ans ? Chaque enfant est évidemment différent et c'est au cas par cas qu'il faut envisager le "problème" mais, même si ce sont les parents qui, au final, ont le dernier mot, rien n'est fait pour les encourager à prendre la décision de les scolariser plus tôt. Nous avons vécu de plein fouet cette grosse différence culturelle avec notre première fille, née mi-Octobre et nous aurions eu à la revivre avec notre cadette si nous n'avions pas déménagé à Hambourg.

C'est la maîtresse qui évalue la capacité de votre enfant à intégrer l'école primaire mais à ma grande surprise, non pas sur la base de connaissances académiques acquises ou pas, mais sur des critères qui nous sont, à nous Français, très étrangers. On ne parle alors pas de graphisme, de vocabulaire ou difficultés à lire ou écrire, mais de la maturité de votre enfant, de sa motivation et de son aptitude à accepter des situations contraignantes, sa capacité à rester plus ou moins longtemps concentré et à s'intégrer dans un groupe formé d'enfants plus jeunes et plus âgés que lui, sa facilité d'adaptation, son indépendance, sa compréhension de la langue et surtout comment il arrive à se sortir de situations socialement difficiles. Quand certains parlent de l'absence de programme dans les écoles maternelles allemandes, je m'insurge car nous sommes bel et bien au contraire devant un programme et d'envergure. Mais il est pour nous impalpable car inhabituel : nous attendons plutôt de l'école que notre enfant y apprenne des connaissances académiques tout en sociabilisant bien sûr mais il sera ensuite évalué sur ce qu'il sait ou qu'il ne sait pas plutôt que sur sa façon d'être. Il est donc déroutant pour nous de découvrir que l'on peut évaluer un enfant sur d'autres critères. La maîtresse du *Kindergarten* peut mettre en place des projets tout au long de l'année et communique aux parents les résultats de ses observations. L'inscription à l'école se fait généralement en Janvier ce qui ne lui laisse finalement que quelques mois pour se faire une idée sur l'enfant. De plus, l'enfant aura plus de sept mois devant lui avant la rentrée à l'école primaire, période pendant laquelle il peut encore énormément évoluer. Tout cela pour souligner la toute relativité et fragilité de ces résultats…

Pour ce qui est de notre fille, nous avions déjà un fort handicap : sa date de naissance. La maîtresse du Jardin d'enfants n'était pas en faveur du passage de notre fille en CP l'année de ses 6 ans : elle la trouvait trop timide, pas assez sûre d'elle, craignait qu'elle ne puisse se défendre ou se faire une place parmi des enfants plus âgés. Nous ignorions à l'époque le fonctionnement du système scolaire allemand et ne comprenions pas pourquoi elle ne pourrait entrer en CP. Nous ne cherchions évidemment pas à faire de notre enfant une élite mais il était évident pour nous que notre fille à presque 6 ans devait rentrer à l'école primaire. C'est donc cette décision que mon mari et moi avons prise.

Une fois le choix fait, les parents reçoivent une convocation du *Gesundheitsamt* (Ministère de la Santé) à un examen (*Überprüfung*). Celui-ci se déroule en deux parties : une visite médicale pour voir si l'enfant sait s'asseoir, tenir un crayon, voit, entend et parle correctement et d'un rendez-vous avec un psychologue de l'enfant. Celui-ci s'attachera tout particulièrement à observer le comportement social de l'enfant et son état émotionnel. Les parents assistent à ces deux examens.

Alors que les deux tests s'étaient bien déroulés et qu'elle avait a priori réussi, la psychologue émit un gros doute. J'ai voulu savoir où ma fille s'était trompée mais je m'aperçus rapidement que nous ne parlions pas de la même chose : je parlais connaissance, elle parlait psychologie. Pour elle, le plus gros problème était l'âge de ma fille, et en tant que mère, j'allais endosser une lourde responsabilité si je prenais la décision de l'inscrire à cinq ans et dix mois en CP.

J'en pris entièrement conscience à la rentrée. Dès la première réunion de parents, la maîtresse de l'école s'évertua à m'expliquer que malgré de bons résultats et un apprentissage satisfaisant, ma fille était beaucoup trop jeune. Elle la comparait sans cesse à une fille de sa classe, âgée de 7 ans et demie, et qui semblait bien mieux intégrée. J'ai eu beau insister sur le fait que, contrairement à ma fille qui s'était fait un grand groupe de copines, cette petite fille-là n'en avait apparemment que très peu mais j'avais l'impression de me débattre seule dans un océan. J'ai rapidement décidé d'abandonner car cela n'aurait tout simplement servi à rien : c'était leur vision et je devais la respecter. Cela me rappela soudain combien le regard des passants m'avaient semblé pesant au début, quand je l'amenais encore bébé à la crèche et combien j'avais fini par ne plus leur en vouloir. Je ne fus pas autant affectée plus tard par les regards interrogateurs et juges des personnes quand ils apprenaient que Lucie était déjà à l'école alors qu'elle n'avait pas encore six ans...

Nous voilà donc devenus parents d'un *Schulkind* ! A nous les découvertes ! L'une des plus belles est la cérémonie de la *Schultütte*. Le samedi précédent la rentrée, les futurs écoliers ont été invités avec leur famille au sens large (grands-parents, oncles, tantes, cousins et cousines sont conviés !) à assister à une petite cérémonie donnée en leur honneur. Ils devaient pour cela se munir d'une *Schultütte* : il s'agit d'un grand cône en carton, idéalement confectionné et décoré par les parents (mais que l'on trouve déjà confectionné dans le commerce) et rempli de surprises (bonbons, confiseries, jouets, gadgets, etc.). Quelle idée astucieuse : l'école est un lieu de fête et la rentrée une occasion d'avoir des cadeaux !

La cérémonie dura à peine plus d'une heure : la Directrice de l'établissement commença par un discours, s'ensuivirent ensuite des représentations de petites pièces de théâtre, données par les élèves des classes supérieures. Chaque maîtresse vint ensuite se présenter et appeler chaque enfant de sa classe. Elle les conduit dans leur classe, y resta une demi-heure et les raccompagna... au buffet, concocté par les parents des classes supérieures ! La *Schultütte* est encore et toujours fermée, l'enfant n'ayant le droit de l'ouvrir qu'à son retour à la maison.

Avant que tout le monde ne reparte, un photographe a pris une photo de chaque classe, photo que l'on nous a donnée dès le lendemain et que notre fille était fière de pouvoir accrocher dans sa chambre. Ce détail semble anodin mais quelle idée astucieuse de le proposer en début d'année plutôt qu'en milieu d'année : grâce à cette photo, Lucie a pu mémoriser très rapidement les prénoms des enfants de sa classe, nous les montrer et se sentir finalement très vite proche d'eux. Je garde de cette journée un excellent souvenir et ma fille en reparle encore. Pour la mettre en place, cela demande encore une fois beaucoup d'investissement de la part des parents mais aussi des maîtresses des différentes classes qui doivent "sacrifier" (diraient les Français) ou "consacrer" (diraient les Allemands) de nombreuses heures de cours à la préparation des spectacles. Certes, le programme peut en pâtir mais j'en suis venue à me demander ce qui, finalement, était le plus important pour des enfants de cet âge : est-ce finir l'intégralité du livre de mathématiques et d'allemand ou est-ce avoir la satisfaction et la fierté de s'être réalisé, de façon active, dans l'élaboration d'un grand spectacle ? Maintenant que j'ai rejoint le système scolaire français, j'en viens à regretter toutes ces idées qui me semblaient être vraiment adaptées aux préoccupations des enfants de cet âge-là. Quand on voit la joie qu'ils ont à montrer ce qu'ils savent faire, pourquoi ne pas leur permettre de le faire ? Aucun système n'est parfait mais un astucieux mélange des deux serait, je crois, très enrichissant pour nos enfants.

Est arrivée ensuite la semaine de la rentrée avec, pendant trois semaines, un emploi du temps malléable. Lucie devait se rendre deux heures par jour la première semaine puis trois la deuxième puis quatre la troisième. Tout ceci est fait pour permettre à l'enfant de s'habituer en douceur à son nouveau rythme. Cela suppose évidemment que les parents soient très disponibles mais cela est une valeur sûre en Allemagne !

Même quand la semaine est complète, le rythme scolaire est bien différent du rythme français : l'école n'a en effet lieu que le matin, en général de 8h à 13h voire 13h30. Certes, dans le cadre de l'Agenda 2010, le gouvernement fédéral a lancé une grande réforme éducative qui poursuit à la fois l'objectif d'améliorer la formation et l'accompagnement des enfants d'une part et celui de mieux concilier famille et vie professionnelle. Pour cela, le gouvernement mise sur le concept de la *Ganztagschule* (école qui prendrait en charge gratuitement les enfants de 8h à 16h) qui serait effectif à partir de 2013 suivant les *Länder*. A l'heure actuelle, selon le Ministère Fédéral de l'Éducation, seulement 39,2% des écoles publiques le proposent (35% dans les *Länder* de l'Ouest et 51,8% dans les *Länders* de l'Est).

Est-ce parce que le coût de la vie est devenu si cher qu'un seul salaire ne suffit plus ou parce que les femmes souhaitent s'émanciper à leur tour et s'investir aussi dans un travail autre que celui du foyer, difficile à dire mais c'est indéniablement la tendance actuelle en Allemagne. Cela aura une conséquence directe et positive certainement sur le taux de natalité allemand qui est l'un des plus faibles d'Europe. Mais cela va également modifier la structure de la société : plus de femmes pourront se présenter sur le marché du travail ; ce ne seront plus elles qui géreront les activités de leurs enfants les après-midi mais directement les écoles et sans en sentir de reproches de la part de la société. Au contraire même puisque l'offre viendra d'elles. C'est littéralement une révolution sociale.

Aujourd'hui, les parents qui travaillent et justifient d'un emploi peuvent bénéficier d'une place au *Hort* (garderie de l'école) dont le prix est fixé en fonction de leurs revenus. Ces enfants-là déjeunent donc à l'école, soit à la cantine -mais il faut savoir que peu d'écoles en sont équipées- soit de ce qu'ils apportent de leur maison. Mais le modèle allemand le plus répandu n'est pas celui-ci.

Pour ne donner qu'un chiffre[2] : en 2006, presque 40% des mères sur le marché du travail occupaient un travail à temps partiel et seulement 16% un emploi à temps plein. Leur temps de travail s'élevait à 17,4h par semaine contre 24,1h en Suède ou 23,1h en France. Pour les mères d'enfants âgés de moins de cinq ans, le taux de femmes exerçant un travail était de 44,3%. En France, 61,7% des femmes-mères d'enfants du même âge travaillent à temps plein. Dans 44,3% des couples allemands, l'homme est le seul à avoir des ressources, chiffre encore plus important en Grèce ou au Portugal (près de 60%) mais bien plus faible en France (aux alentours de 30%).

Comme l'école termine à 13h ou 13h30 et que peu d'entre elles sont équipées d'une cantine, les mères doivent récupérer leur enfant en milieu de journée, souvent affamé, et leur avoir préparé un déjeuner. Ainsi, que ce soit les trois premières années suivant la naissance de leur enfant ou les 5 années en école primaire, les heures de garde proposées sont très restreintes et ne permettent pas toujours de concilier emploi et vie familiale. De ce fait, beaucoup de femmes allemandes ont le sentiment de devoir choisir entre emploi et famille et certaines peuvent faire le choix de ne pas avoir d'enfants.

Grâce à ce projet de réforme, les enfants qui rentrent seuls aujourd'hui chez eux (*Schlüsselkinder* = enfants portant la clé de leur maison autour du cou) pourront être pris en charge et occupés. Logiquement, toutes les associations qui proposent aujourd'hui encore des activités à partir de 15h devront s'adapter pour garder leur clientèle et ne pas péricliter. Certaines écoles de Hambourg ont déjà annoncé qu'à partir de la rentrée 2012, les associations sportives du quartier se déplaceraient dans les écoles pour proposer aux enfants les mêmes activités. Je dois préciser ici, sans rentrer dans les

---

[2] Article Welt 21.04.2007

détails, que sous le concept général de *Ganztagschule* figurent deux alternatives : la *offene Ganztagschule* (cours le matin, activités l'après-midi au sein de l'école) et la *gebundene Ganztagschule* (cours le matin et l'après-midi avec pause méridienne). Cette deuxième alternative s'apparente très nettement à ce que l'on connaît en France et ne semble pas avoir beaucoup de succès pour l'instant. Les familles allemandes semblent être d'accord sur l'idée de confier leur enfant les après-midi mais à condition que celle-ci soit consacrée à des activités et non à des cours.

De nombreuses écoles doivent au plus vite faire construire une cantine ou prévoir une livraison de repas chauds car peu en était équipée. A l'école primaire de ma fille par exemple, ils avaient aménagé une salle de cours avec quelques tables, pouvant accueillir un maximum de 20 enfants. Ils commandaient les repas auprès d'un traiteur. Ce système fonctionne mais s'avèrera insuffisant quand il s'agira d'accueillir des centaines d'enfants dans un créneau horaire restreint. Il est amusant de remarquer que depuis quelques années, la France s'est mise à regarder en direction de l'Allemagne et à vouloir s'en inspirer dans certains domaines et que l'Allemagne fait de même vis-à-vis de la France dans des domaines différents. En effet, certains collèges et lycées français ont adopté à la rentrée scolaire 2010 ce qu'ils pensent être le même rythme que nos voisins allemands : cours le matin et activités sportives ou artistiques l'après-midi. Vu de loin, cela pourrait en effet ressembler à ce que les enfants allemands vivront d'ici deux ans mais c'est assez loin de la réalité qu'ils connaissent actuellement. Ce n'est en effet pas les écoles qui proposent les activités mais les mères, qui après être allées chercher leur enfant, les font déjeuner à la maison ou le plus souvent dans la voiture et repartent les accompagner au sport, à la musique ou à la danse. Quel pays franchit le pas du progrès, je pose la question.

Je tiens à témoigner ici de toute mon admiration pour toutes les mamans allemandes qui jonglent avec les activités de leurs enfants ! Certes, beaucoup n'en ont qu'un (et vous comprenez maintenant un peu mieux pourquoi !) mais nombreuses sont celles qui doivent faire suivre le numéro 2 au moment de sa sieste pour pouvoir conduire le numéro 1 au judo ! Tout ce stress au départ, mais également sur le lieu de l'activité car finalement, que font la mère et le numéro 2 si ce n'est attendre dans une salle mitoyenne, absolument pas conçue pour occuper des enfants de cet âge et la plupart du temps, pas assez grande pour accueillir toutes les mamans et leurs progénitures ? Le retour à la maison n'est pas sans stress non plus car le numéro un est la plupart du temps exténué après tant d'allées et venues et après une journée finalement longue depuis le réveil le matin avant 7h et le numéro 2 n'a pas pu faire sa sieste... Au grand soulagement de la maman, la journée n'est pas pour autant finie pour elle car il lui reste à doucher tout le monde, préparer le dîner et essayer de coucher tout le monde pas trop tard pour que le réveil le lendemain matin ne soit pas trop rude... Autant vous dire que beaucoup de femmes françaises, rencontrées à Brême ou à Hambourg, abandonnent après quelques mois... Les femmes allemandes ont une grande dévotion et je les en félicite !

Pour l'instant et pour peu de temps encore, le rythme scolaire est donc différent de celui que nous pouvons connaître en France : les enfants enchaînent six sessions de cours de 45 minutes avec deux pauses de vingt minutes chacune, la pause *Frühstück* et celle passée généralement sur le *Spielplatz*. Qu'il pleuve, qu'il neige, qu'il gèle, la maîtresse les y envoie tous les jours car c'est à leurs yeux aussi important qu'une heure de cours de mathématiques. De plus, comme ils aiment le dire : "Il n'y a pas de mauvais temps, il n'y a que des mauvais vêtements !" (*Es gibt kein schlechtes Wetter sondern nur schlechte Kleidung.*) Je ne pense pas que l'on accorde en

France autant d'importance aux sorties à l'extérieur et ai plutôt l'impression qu'à la moindre goutte ou petite brise, on lui préfère souvent une activité à l'intérieur. Nous avons donc logiquement très peu d'équipement prévu pour résister à ce type de temps. Il me vient à l'esprit un exemple concret illustrant la différence d'état d'esprit des Français et des Allemands. On m'a raconté que dans une école française, la cour de récréation n'était équipée que d'une table de ping-pong, d'un filet araignée et de barres parallèles. Quand il pleut, les maîtresses demandent aux enfants de rester bien sagement à l'abri sous le préau. Cela donne lieu à des bousculades, à un brouhaha assourdissant et à un chaos total. Il est amusant d'entendre les mamans allemandes se plaindre et réclamer qu'au contraire, les enfants jouent même sous la pluie car ils ont besoin de bouger. Elles vont même jusqu'à dire que plus l'enfant rentre sale plus il s'est amusé ! Les Françaises en revanche ne semblent pas ravies au moment de récupérer leur enfant si celui-ci porte des vêtements sales... De même lors de journées pluvieuse, il n'est pas rare de voir de nombreux passants dans les rues, parfois même poussant une poussette ou faisant du vélo. Lors d'un week-end où il n'a pas arrêté de pleuvoir une seconde, quelle ne fut pas notre surprise de voir un nombre incroyable de personnes venir s'inscrire à une activité d'extérieur ! Il s'agissait de faire avancer un wagon, en soulevant de haut en bas une manivelle fort lourde. Ils étaient tous équipés d'anoraks ou de capes, de la tête au pied et semblaient ne pas remarquer la pluie ! L'ambiance était extraordinairement joyeuse et je suis persuadée qu'ils ne garderont de ces quelques heures passées sous la pluie que des moments heureux. Je vous avoue que nous voulions également faire cette activité mais que nous sommes restés dans notre wagon, transformé en maison, à lire et à boire un thé bien chaud...

Logiquement, tout est prévu en Allemagne pour permettre aux enfants de s'amuser sans être mouillés : pantalons de pluie (*Regenhose*) que l'on trouve rembourrés pour l'hiver, bottes extrêmement imperméables, pantalons de neige (*Schneehose*), capes de pluie pour venir en vélo, bonnets en laine fine pour recouvrir les oreilles que l'on peut garder pour mettre un casque à vélo… Ma fille a toujours été ravie de ces moments passés dehors à se défouler et c'est vrai que je la récupérais souvent dans un état d'une grande saleté mais avec un grand sourire aux lèvres...

Une autre grande découverte dans le système scolaire est le concept du parrainage. Pour s'assurer du bien-être de l'enfant et de sa rapide adaptation à sa nouvelle école, chaque enfant dans l'école de ma fille aînée reçoit le soutien d'un "parrain" (*Pate*). Il s'agit en général d'un enfant de 3è classe (CE2) qui est responsable de son/sa filleul/e : leur relation est laissée libre et sans obligations mais les parrains prennent en général leur mission à cœur et s'occupent quotidiennement de leur filleul. Ils les accueillent tout d'abord avec un cadeau qu'ils ont eux-mêmes confectionné avec l'aide de leur maîtresse la première semaine de la rentrée, ils les retrouvent à la cour de récréation pour jouer avec eux ; ils organisent des visites de l'établissement pour leur expliquer tout ce qu'ils sont censés savoir. Si le courant ne passe pas entre les deux enfants, un autre parrain est désigné ou le filleul lui-même peut en choisir un autre mais en général, tout le monde est ravi : les grands d'être responsabilisés, les filleuls d'être intégrés. A la rentrée en 2è classe (CE1), le filleul retrouve souvent son parrain car celui-ci est en 4è classe (CM1) et à la rentrée suivante, son parrain est déjà entré au *Gymnasium* (lycée) et c'est à son tour de devenir parrain.

Un autre moyen d'assurer le bien-être de l'enfant est de lui garantir une continuité dans les quatre années passées à l'école primaire : il gardera la même maîtresse, restera avec les mêmes enfants et dans la même classe. Certains peuvent y voir un fort handicap (Que se passe-t-il si l'enfant ne s'entend pas du tout avec la maîtresse ? Qu'en est-il de la capacité d'adaptation à d'autres enfants ? De son ouverture ?), d'autres y voient une sécurité affective qui permet à l'enfant, dès la rentrée et ce pendant quatre ans, d'être au plus vite opérationnel. Du fait qu'ils partagent la cour de récréation avec les autres classes, ils peuvent facilement se faire des copains autres que ceux de leur classe mais pour travailler, ils ne changent pas de cercle.

Dans les écoles françaises, le concept est tout autre : à chaque rentrée, la maitresse change et les enfants sont également mélangés. Certes, les enfants peuvent se faire de nouveaux copains et découvrir une nouvelle maîtresse chaque année mais ils courent aussi le risque de se sentir moins bien que l'année précédente et d'être confrontés malgré eux à un nouvel environnement et d'avoir à s'y adapter.

Toujours pour le bien-être de l'enfant, il est régulièrement proposé aux élèves, pendant les cours, des petites activités pour les détendre : cela peut être d'écouter de la musique et de danser ou de s'asseoir dans le coin canapé et d'y regarder un livre. Une fois par semaine, ma fille avait de 8h à 8h45 une heure dite de *Freiarbeit* : elle avait alors le droit de choisir ce qu'elle souhaitait faire. Cela continue de développer l'autonomie de l'enfant et empêche la robotisation systématique à laquelle un emploi du temps rigide peut conduire. Plusieurs fois par semaine, ils commençaient également la matinée par un tour de table, l'équivalent du *Morgenkreis* vu précédemment en Jardin d'enfants. Les enfants avaient alors le droit d'apporter un objet qu'ils souhaitaient montrer à la maîtresse et à leurs copains et d'en parler ; ils en profitaient également pour parler d'un thème comme les vacances, prochaines ou passées, leurs goûts, leurs peurs, leurs craintes. Indépendamment de la joie de partager avec les autres leur petit univers, cela permettait également aux enfants de mieux se connaître et de découvrir des affinités des uns et des autres. C'était également un moyen pour la maîtresse d'évaluer l'attitude de l'enfant face à un groupe et sa capacité à prendre la parole, à raconter, à échanger avec les autres.

Abordons à présent un principe du système éducatif allemand : le *Bildung*. Il associe l'acquisition du savoir au développement de l'enfant. L'enfant doit grandir et se développer selon son propre rythme et ses talents individuels. Comme le dit Béatrice Durand[3] "C'est au monde adulte, du moins à ses zones dans lesquelles sont présents des enfants, de se réorganiser autour d'eux, en fonction de (ce que l'on suppose être) leur rythme et de leurs besoins." L'éducation allemande ne met donc pas l'accent sur la transmission du savoir mais sur l'épanouissement de la personnalité de l'enfant. Elle a pour objectif de former des enfants équilibrés et aptes à vivre en collectivité là où en France, on a plutôt " tendance à voir dans l'enfant l'adulte futur et à le traiter comme tel." Quand on a compris cela, les exemples qui suivent paraissent évidents et justifiés.

Comme je le disais précédemment, les premières semaines sont assez tranquilles pour permettre à l'enfant de trouver ses nouveaux repères. La priorité porte ensuite rapidement sur les mathématiques et avec une approche très différente de la nôtre. L'enfant apprend rapidement à compter et à écrire les chiffres de 1 à 20 et se consacre ensuite à la gymnastique du calcul mental : tout se fait de tête et doit se faire rapidement. Pour cela, ma fille rencontrait quelques difficultés et cela a été source de stress, à la fois en classe quand elle voyait qu'elle

---

[3] *Cousins par alliance, les Allemands en notre miroir*, Béatrice Durand, Autrement.

n'était pas aussi rapide que les autres, qu'à la maison au moment de faire ses devoirs. Elle restait en moyenne trente à quarante minutes tous les jours sur ses devoirs et il s'agissait à 80% d'exercices de mathématiques assez complexes. Une copine française, mariée à un Allemand, me confiait récemment combien il avait été difficile pour sa fille de s'adapter au système scolaire allemand en mathématiques tout particulièrement après avoir fait son école primaire dans le système français.

L'apprentissage de l'écriture est également très différent de celui que l'on connaît en France. En France, c'est à l'école maternelle que l'enfant apprend à écrire toutes les lettres de l'alphabet, en majuscules d'imprimerie d'abord puis en minuscules cursives ensuite. Il se sensibilise aux gestes de l'écriture par différentes activités graphiques comme la peinture ou le dessin. Il y apprend aussi déjà à repérer les lignes horizontales, verticales et obliques ainsi que les cercles. Il les dessine puis les utilise pour écrire son prénom. A la grande section, la maîtresse veille à ce que l'enfant tienne correctement son crayon entre le pouce et l'index, le majeur en dessous et s'assoit bien droit face à sa table. Quand ils arrivent à l'école primaire, les enfants savent déjà reconnaître les lettres, les écrire en cursive et lire quelques mots.

En Allemagne, les apprentissages sont tout autres ou du moins, depuis les vingt dernières années. Le système scolaire allemand ressemblait avant beaucoup plus à ce que nous connaissons aujourd'hui en France, tant par l'approche pédagogique que par la discipline. Mais ceci est révolu. Comme nous l'avons déjà décrit, au *Kindergarten* les enfants passent beaucoup de temps à jouer et quand ils font du découpage ou des dessins, c'est en toute liberté et sans contrainte particulière. Ma fille aînée par exemple n'a appris à tenir le crayon correctement qu'à son entrée en première classe. Elle avait cependant appris à écrire son prénom en majuscules mais sur une feuille sans lignes. Quand l'enfant arrive à l'école primaire, c'est un vrai débutant mais il y apprend presque tout à la fois : à écrire les lettres majuscules et minuscules, à les associer pour lire et écrire des syllabes et des mots. Le M majuscule, le a minuscule, la syllabe "Ma", collée à "Ma" donne le mot *Mama*. Rapidement, l'enfant sait écrire et lire mais en script uniquement ce que les spécialistes allemands défendent en affirmant qu'il est plus facile d'apprendre à lire et à écrire dans les caractères que l'on retrouve dans tous les livres et les manuels (contrairement à l'écriture cursive). A cela, les spécialistes français répondent qu'il est inutile de commencer par les lettres minuscules d'imprimerie…

Ce n'est qu'en deuxième année de primaire que l'enfant apprend une écriture cursive et s'exerce à la fluidité de son geste. Nous voilà donc face à une grande différence d'approche : un enfant français de 6 ans aura non seulement déjà fait la moitié de son CP et arrivera à écrire des phrases en cursive ; un enfant allemand de six ans saura écrire uniquement son prénom en majuscules et à sept ans, au CP, des mots en script. A qui revient la palme ? Je me suis surprise, après cette découverte, à comparer l'écriture d'un adulte français et celle d'un adulte allemand, bien mal m'en a pris ! Que l'écriture soit issue d'un apprentissage précoce, dirigé et graduel ou d'un apprentissage plus tardif, simplifié et plus rapide, elle s'émancipe de son modèle et revêt des propriétés personnelles à chaque individu. J'ai compris alors que chaque culture rejoint la même destination même si les chemins empruntés diffèrent les uns des autres.

Ces différences m'ont sauté aux yeux en Septembre dernier lorsque ma fille, inscrite au Lycée Français de Hambourg, a dû passer un test pour décider de son entrée au CP ou au CE1. Le premier exercice que la maîtresse française lui demanda de faire était d'écrire une phrase dans un cahier avec des lignes et une marge. Elle ne savait pas où elle devait commencer ni pourquoi elle devait recopier une phrase qu'elle ne savait pas lire. La maîtresse, très étonnée, lui a alors demandé si c'était la première fois qu'elle voyait un cahier et Lucie a répondu par l'affirmative. Premier regard interloqué de la maîtresse. Elle lui a donc demandé de commencer à droite de la marge. Quand elle a vu que Lucie écrivait tout en script, elle s'est presque étouffée ! De même quand elle lui a donné des opérations de mathématiques, elle a vraiment cru que nous venions d'une autre planète. A l'énoncé, calcule 20 + 30, Lucie s'est décomposée puis mise à trembloter. Elle lève les yeux au plafond en réfléchissant à ce que pouvait bien faire cette opération qui comprenait un chiffre qu'elle n'avait pas appris. La maîtresse lui demande alors : "Mais que fais-tu ? Pourquoi ne poses-tu pas l'opération ?"

-Euh....pardon ? *Poser* ? *Poser* l'opération ?"

Lucie essayait en effet de le faire de tête, comme elle avait appris à faire les additions en première classe... Je ne vais pas énumérer toutes les différences mais simplement en mentionner quelques-unes qui me semblent assez révélatrices des différences d'approche et finalement de mentalité.

Les enfants allemands reçoivent au cours de leurs premières années de primaire des appréciations. Les parents sont convoqués à deux rendez-vous avec la maîtresse, un en Janvier et l'autre en Juillet, rendez-vous au cours desquels la maîtresse fait part de ses appréciations. Elle remet ensuite une lettre, adressée à l'enfant, résumant l'année écoulée et faisant le bilan des acquis. Si jamais les appréciations ne sont pas très positives, elle insiste bien sur le fait que ce n'est pas à vous de vous sentir responsable mais à l'enfant, enfant qui a eu avant vous la même discussion avec la maîtresse. A la remarque du professeur de mathématiques "Lucie a des difficultés en soustraction", je m'engage à la faire travailler. Il me répond alors : « Mais non, j'en ai déjà parlé avec elle et c'est un problème entre elle et moi et non avec vous. Je vais lui donner des exercices supplémentaires pour qu'elle puisse s'entraîner et on en reparlera ensuite » (sous-entendu lui et elle !)

Une copine française me racontait récemment avoir été très surprise, voire choquée lors d'une réunion parents-professeurs pour son fils en classe de CE1. Alors que certaines mamans françaises demandaient à la maîtresse si elle vérifiait en classe les devoirs des élèves, une maman allemande avait déclaré ne pas voir la pertinence de la question. Si son enfant ne faisait pas ses devoirs, c'était son problème et elle n'allait pas être derrière lui à vérifier s'il les avait faits. Devant cette déclaration, ma copine s'était intérieurement demandée à quel type de maman elle avait affaire, elle qui demandait tous les après-midi à son fils de faire ses devoirs, qui s'asseyait à côté de lui pour l'aider et s'assurait aussi, malgré elle parfois qu'il ne fasse pas d'erreur et si tel était le cas, de les lui corriger... C'est un autre monde ! Pour avoir connu cette mentalité avec Lucie, j'avoue l'avoir ainsi élevée et depuis, c'est spontanément et d'elle-même qu'elle se met à ses devoirs et ne me les montre pas systématiquement. Je vous avoue que le soir, une fois ma fille endormie, je ne peux faire autrement que vérifier si tout est bien fait mais devant elle, je ne lui montre pas mon inquiétude et lui témoigne ma plus grande confiance.

Une des façons de les rendre autonomes est de ne pas leur donner de cahier de textes : ceci semble logique dans la mesure où les enfants ne savent pas encore écrire mais cela obéit également à l'envie de rendre l'enfant attentif et encore une fois responsable. Il doit en effet bien écouter ce qu'il a à faire pour le lendemain car personne à la maison ne pourra le lui rappeler ; et en cas d'oubli, seul lui pourra être tenu pour responsable. L'inconvénient est que cela peut poser problème pour certains enfants qui ont beau faire preuve de bonne volonté, peuvent avoir du mal au début à tout mémoriser. C'était le cas de ma fille à qui le maître avait finalement autorisé à dessiner sur la page du cahier ou du manuel une petite maison au crayon de papier. Je me rappelle de cette maman fraîchement arrivée de France et ne connaissant rien du système scolaire allemand, qui avait scolarisé son fils aîné en 6è dans un collège allemand. En plus des difficultés liées aux problèmes de compréhension de la langue, il se trouvait confronté à cette habitude de travail qu'il trouvait (et la mère partageait son point de vue) déstabilisante. Quand il rentrait l'après-midi chez lui, il n'arrivait pas toujours à se rappeler de tout ce qu'il avait à faire et sa maman ne pouvait hélas pas l'aider.

Une autre différence qui peut s'avérer aussi difficile pour les enfants français est la façon dont se déroulent les cours. Au cours de mon année de travail à l'Institut Français, j'ai eu la chance d'organiser la venue à Brême de certains auteurs du premier manuel franco-allemand d'histoire et géographie[4]. Indépendamment du plaisir et de l'admiration ressentis au contact d'auteurs, je fus passionnée des débats que son élaboration suscitait, débats qui portaient à la fois sur le fond et sur la forme. Je ne mentionnerai rien concernant la façon dont les événements, vécus de façon différente suivant le pays, devaient être traitées et qui éveilla de nombreuses critiques à sa sortie. Je me concentrerai uniquement sur les questions liées à la forme et à sa structure. De par mon expérience d'éditrice, ce point-là me parlait plus particulièrement. Alors que je déjeunai avec un auteur français, quelle ne fut pas ma surprise d'entendre que l'une des difficultés qu'il avait rencontrée en travaillant sur ce manuel était liée à la forme. Il m'expliqua que

---

[4] *Histoire/Geschichte,* Ernst Klett Verlag & Nathan, 2006-2007

nous étions habitués en France, et ce depuis les premières années de notre scolarité, à suivre des cours magistraux : le/la maître/sse puis les professeurs qui nous accompagnent nous parlent d'un sujet et nous devons écrire de façon un peu mécanique ce que nous entendons. De façon régulière, nous serons interrogés sur ces mêmes cours et devrons alors retranscrire ce que nous y avons appris et retenu. En Allemagne, c'est une toute autre méthode d'apprentissage à laquelle les élèves sont habitués : le cours magistral et les cours théoriques ne sont pas la norme et les élèves alternent entre des activités en groupe, des débats, des discussions, des séances de films ou présentations d'exposés. En cours d'histoire par exemple, ils liront plusieurs textes évoquant des points de vue différents sur un même thème et ils échangeront ensuite leurs idées. A la fin du cours, l'élève n'aura pas forcément pris de notes ou alors peu en comparaison avec celles prises en France. L'accent est mis sur l'oral et non sur la mémoire et cela crée une ambiance plutôt détendue. Les élèves n'hésitent pas à prendre la parole et à donner leur point de vue sans craindre que le professeur leur dise qu'ils ont tort. Car justement il ne s'agit pas d'avoir raison ou d'avoir tort mais simplement de penser, de réfléchir, d'avoir une opinion et d'oser l'exposer aux autres. Cela engendre certaines situations qui peuvent dérouter les Français : il n'est pas rare en effet de voir des élèves se lever et quitter le cours mais sans que cela ne dérange le professeur ; ils ont également le droit de boire ou manger ou même de tricoter ou se consacrer à autre chose sans se cacher. L'idée est de participer et à chacun sa méthode. De même lors des pauses, il n'est pas rare de voir professeurs et élèves se mélanger. La salle des professeurs reste souvent ouverte et peut être un lieu d'échange agréable.

Vous comprenez donc aisément pourquoi les auteurs du manuel d'histoire avaient du mal à se comprendre : d'un côté du Rhin, les cours devaient comporter un texte suivi de quelques questions puis d'un sujet de dissertation ; de l'autre, on devait permettre à l'élève de discuter et se faire une idée d'où la présence de plusieurs textes et l'absence totale de questions qui auraient pu orienter la pensée de l'élève. Cette approche déconcerte plus d'un Français qui y voit souvent du laxisme et une absence de rigueur.

Si l'approche est différente, la discipline l'est également. Il faut savoir déjà qu'en Allemagne les classes sont généralement moins surchargées qu'en France, surtout celles qui concernent le lycée. Du fait que les élèves, au cours de ces trois dernières années, choisissent les matières qu'ils veulent étudier, on parle plutôt de cours que de classes. Ils choisissent deux matières principales (*Leistungskurse*), des matières de base auxquelles s'ajoute le sport (obligatoire et très important en Allemagne) puis les options (AG) comme le théâtre, le chant ou l'art plastique. Un exemple que m'a donné une jeune lycéenne rencontrée à Brême était le suivant : Histoire et Mathématiques en matières principales, Religion Catholique, Musique, Allemand, Français, Religion Évangélique, Espagnol en cours de base. Elle avait ensuite choisi Orchestre en option. Elle m'avait également fait part de la liste des matières que les élèves pouvaient choisir dans son lycée et j'en avais été très impressionnée : Sciences Économiques, Géographie, Informatique, Biologie, Pédagogie (très appréciée des filles), Hollandais, Art, Physique, Chimie ou Littérature. Chacun choisit en fonction de ses intérêts futurs et de ses goûts et pas tellement en fonction de son niveau. Les élèves ont donc chacun (ou presque) un programme différent, un emploi du temps différent et tous se croisent. Cela permet évidemment de côtoyer des personnes différentes tout en maintenant des rapports d'amitié avec les ami(e)s plus fidèles. Cela permet surtout d'être acteur dans ses études et de s'ouvrir à de nombreux domaines «extra» scolaires.

Une mère allemande, dont la fille est actuellement en classe de 4è, me confiait cependant ses réserves quant aux résultats de ce choix pédagogique sur la génération à venir. D'après elle, les élèves qui ont connu ce système atteignent aujourd'hui le bac sans avoir vraiment acquis de méthodes de travail et avec de nombreuses lacunes, notamment en écriture. Certes, ils apprennent à penser par eux-mêmes mais il faudrait, d'après elle, qu'ils acquièrent d'abord un certain nombre de connaissances pour pouvoir ensuite s'exprimer et réfléchir correctement et efficacement. Le fait d'être confronté très jeune à une grande liberté de choix pour les matières à étudier, sans avoir reçu au préalable les bases nécessaires, les empêcherait de profiter pleinement de cette éducation. L'avenir nous le dira.

Abordons à présent l'épreuve du Baccalauréat allemand (*Abitur*) : en Allemagne, les étudiants choisissent les matières qu'ils vont présenter (elles sont au nombre de quatre) et contrairement à la France, où les sujets sont les mêmes quel que soit le département, c'est l'enseignant de chaque lycée qui choisit un sujet sur les deux proposés par la ville. Jusqu'à il y a quelques années, c'était l'enseignant qui corrigeait lui-même les copies de ses propres élèves. Par ailleurs, il existe encore le contrôle continu qui prend en compte les deux dernières années : même s'il faut évidemment travailler, les élèves ne sont donc pas autant obnubilés par cette épreuve comme peuvent l'être leurs compatriotes français. Ils le sont tellement moins qu'à quelques semaines des épreuves, nombreux sont ceux qui participent à la *Motto Woche* de leur classe : pendant une semaine, les étudiants choisissent chaque jour un thème différent de déguisement et font la fête jusque tard le soir. Ils ne visent pas non plus systématiquement une bonne note ou une mention étant donné que cela ne jouera aucun rôle sur le choix de leur université. Le concept de l'élite est inexistant en Allemagne ou en bien moindre mesure qu'en France. Il n'existe pas en Allemagne l'équivalent des grandes écoles françaises et encore moins de distinction entre l'université et les grandes écoles. L'une des spécificités allemandes est la *Fachhochschule*, école d'enseignement supérieur qui a la particularité d'orienter les étudiants vers la pratique. Les cursus d'études sont strictement organisés, les cours se déroulent en petits groupes, des examens sanctionnent chaque matière et l'éventail des études est fortement influencé par les exigences de la pratique professionnelle. Tous ces facteurs rendent possibles des durées d'études moyennes plus courtes qu'à l'université. Les périodes exemptes de cours ou vacances universitaires (*Semesterferien*) sont généralement plus courtes qu'à l'université. Cela ne veut pas dire que l'on y a sacrifié le savoir : les *Fachhochschulen* ne prodiguent pas uniquement l'enseignement, elles encouragent également la recherche. Mais cette recherche est elle-même orientée vers les exigences pratiques, les possibilités d'application. Il s'ensuit qu'on y chercherait en vain des cours "exotiques" ou des cursus purement théoriques. L'éventail des matières est surtout conçu pour répondre à la demande en cadres avec une formation académique dans les professions d'ingénieur, le commerce, le design et le secteur social. A la *Fachhochschule*, la fin des études est sanctionnée par un "*Diplom (FH)*". De plus en plus de *Fachhochschulen* proposent des filières débouchant sur le diplôme de "*Bachelor*" ou "*Master*", compatible à l'échelon international. Depuis 1976, les ministres de l'Éducation des *Länder* (en Allemagne, le système d'éducation relève de la compétence des *Länder*), et la Loi-cadre sur l'enseignement supérieur adoptée par le gouvernement fédéral, élevèrent les *Fachhochschulen* au même rang que les universités et autres institutions comparables. Comme ces dernières, elles sont autonomes dans le cadre des lois des *Länder*.

En ce qui concerne les notes, beaucoup d'écoles primaires allemandes n'en attribuent qu'à partir de la troisième classe, soit l'équivalent du CE2. Ce sujet est un débat actuel en France et les avis divergent. Certains les voient comme un facteur pénalisant pour l'enfant car elles l'enferment dans une case et le positionnent par rapport aux autres élèves de façon statique ; d'autres y voient plutôt un facteur motivant qui permet à l'enfant de connaître ses faiblesses et donc de les travailler. Personnellement, je trouve qu'une appréciation est bien plus précise dans la reconnaissance d'une faiblesse qu'une note qui porte sur un travail global. Des mots peuvent expliquer et cibler les points à revoir sans justement comparer les enfants entre eux. A la fin du premier trimestre au Lycée Français, notre fille alors en CP, nous a rapporté son bulletin comportant les notes A, E ou N qui correspondaient respectivement à Acquis, En voie d'acquisition ou Non acquis. À l'école primaire allemande, c'est la même chose mais en beaucoup moins détaillé : la compétence mise en avant est encore celle du comportement social de l'enfant, de sa maturité et de son intégration dans la classe. Je crois que ces évaluations sont assez récentes et répondent certainement aux questions qu'a soulevées l'enquête internationale PISA de l'OCDE en 1997. L'Allemagne y a obtenu des résultats relativement faibles et la KMK *(Kulturministerkonferenz)* a élaboré et introduit des directives dans l'enseignement et la formation pour toute l'Allemagne. Ils entendaient ainsi augmenter l'efficacité du système allemand en introduisant par exemple une évaluation régulière des résultats scolaires. Les notes ne font donc leur apparition qu'en troisième classe (parfois déjà en 2è classe) et ont leur importance car cumulées à celles obtenues en dernière année de primaire (4è classe), elles détermineront si l'enfant est apte à passer au lycée général (*Gymnasium*) ou devrait plutôt s'orienter vers un établissement spécifique (*Realschule, Hauptschule* et *Gesamtschule*). Cette orientation précoce (enfants âgés de 11 ans) est en contradiction avec le concept de la *BILDUNG*, car l'enfant est orienté très tôt alors qu'il n'a pas encore développé toutes ses compétences. Le choix de telle ou telle école est pris par les parents en concertation avec les professeurs. Dans son rapport sur la structure de base du système éducatif de la République fédérale d'Allemagne de 2007, la KMK a répertorié de la façon suivante la répartition des élèves sur les quatre grandes filières d'école, après la *Grundschule* (chiffres de 2007/2008) : 9,7% des élèves fréquentaient une *Hauptschule*, 13,9% une *Realschule*, 28,8% un Gymnasium et 5,4% une *Gesamtschule*. C'est cette orientation très précoce qui nous a fait peur et nous a poussés à rejoindre le système français. Plusieurs familles mixtes sont également confrontées à ces questions et quotidiennement en proie au doute car, alors que les trois premières années, tout est fait pour permettre à l'enfant une entrée dans l'apprentissage en douceur, la quatrième année est sans pitié. Beaucoup qualifie le système scolaire allemand de système pour les mamans ou pour les familles aisées : d'après ces familles, c'est efficace pour les enfants dont les mères sont disponibles pour les aider et les structurer dans leur apprentissage. Mais ceux qui se retrouvent seuls, peuvent facilement se laisser porter par le courant d'apparence tranquille et pourraient avoir des difficultés par la suite. Il faut savoir aussi que même si les parents font appel et inscrivent leur enfant au *Gymnasium* malgré un avis défavorable et des notes insuffisantes, il a l'obligation de réussir les deux premières années car sinon il sera expulsé. C'est donc un système très doux au début mais intransigeant par la suite.

La *Hauptschule* comprend les classes 5 à 9 (CM2-3ème) et propose une formation générale composée de cours théoriques et de nombreux cours pratiques. La *Hauptschule* a pour objectif de préparer les élèves à l'apprentissage. S'ils ont bien travaillé, ils obtiennent un certificat de fin de scolarité (*Hauptschulabschluss*) qui leur permet de continuer leurs études par une formation professionnelle ou de commencer à travailler. Il faut savoir qu'en Allemagne, la scolarité est obligatoire jusqu'à l'âge de 15/16 ans.

La *Realschule* commence en classe 5 (à environ 11 ans) et se poursuit jusqu'à la classe 10 (2de). Les enseignements proposés par cette filière sont plus complets et plus approfondis qu'à la *Hauptschule* tout en restant une formation générale. Les élèves y apprennent également l'anglais. En 7e (l'équivalent de la 5e française), il est également possible d'orienter sa formation vers les sciences/l'économie/les langues vivantes (apprentissage d'une 2e langue étrangère, souvent le français ou l'espagnol) ce qui diversifie et approfondit les enseignements du domaine choisi. Après l'obtention de l'examen de fin d'études appelé *Mittlere Reife*, les élèves peuvent passer dans des filières de formation qui conduisent à une qualification professionnelle *(Fachoberschule/Abendschule)* ou à des lycées pour obtenir un certificat qui leur permet d'accéder aux écoles supérieures de technologie *(Fachhochschule)*. Les élèves qui ont un bon niveau, ont également la possibilité de rejoindre le lycée et de passer le bac.

Le *Gymnasium* correspond au système classique français du collège/lycée. Il propose une formation générale qui dure selon les *Länder* huit ou neuf ans (de la classe 5 à la classe 12/13, soit du CM2 à la Terminale) et qui débouche sur un baccalauréat allemand, appelé *Abitur*. Le programme du lycée doit être enseigné de manière comprimée et non pas être réduit quand il se fait en huit ans au lieu de neuf. Il présente la nouveauté de transmettre davantage de connaissances de base et moins de détails. Par ailleurs, le contenu des cours est généralisé et les examens en classe sont centralisés et certains cours sont dispensés l'après-midi. Durant les deux dernières années, les élèves peuvent se spécialiser dans certaines matières tout en continuant d'autres matières obligatoires (maths, allemand, histoire...). Cette spécialisation (*Leistungskurse*) a pour fonction de faciliter l'accès à l'enseignement supérieur. Les règlements concernant le choix de ces cours intensifs et les matières obligatoires au bac varient fortement entre les *Länder*. L'obtention de l'*Abitur* confère un diplôme appelé «certificat général d'accès à l'enseignement supérieur» *(die Allgemeine Hochschulreife)*. L'*Abitur* est un examen reconnu au niveau national mais organisé de différentes manières selon les *Länder*. Ainsi n'y-a-t-il pas d'épreuves nationales.

En conclusion, malgré ces grandes différences et mon étonnement chaque jour grandissant, je dirai que je suis très impressionnée par le système éducatif allemand et par le climat qui règne dans les classes allemandes : c'est un savant mélange de décontraction et de sérieux ; les élèves ont l'air de prendre plaisir à étudier (est-ce justement parce que ce sont des matières qu'ils ont choisies ?), accordent autant d'importance aux matières dites principales qu'aux options, comme la musique, considérées parfois en France comme matières mineures, le tout avec une certaine discipline et un sérieux, garants d'un niveau très correct.

Le jour où une amie polonaise, arrivée en Allemagne à l'âge de 6 ans et devenue professeur de français au *Gymnasium*, a choisi d'aller passer deux ans à Paris dans un collège en tant que professeur d'allemand, j'ai été ravie pour elle. Comme j'avais vu combien les élèves allemands pouvaient bouger, se déplacer, parler pendant le cours, je me disais que cela allait être très reposant pour elle de faire enfin cours dans une classe habituée à une autre discipline. Qu'elle ne fut pas ma surprise quand elle m'appela deux mois après la rentrée et qu'elle me raconta être presque en dépression. En effet, ses élèves étaient habitués à ce que le professeur attendent d'eux silence et respect mais si le professeur ne met pas tout en œuvre pour y arriver, les élèves eux, ne se feront pas volontairement violence. Alors qu'en Allemagne, dès qu'un de ses élèves se levait, bavardait ou grignotait, elle pouvait continuer son cours sans être gênée car elle savait que c'était fait dans un état d'esprit sain et non pas pour la provoquer et qu'une fois ce besoin assouvi, l'élève reprendrait sa place et continuerait de l'écouter. Elle mit deux mois à comprendre que les élèves faisaient tout pour la tester et connaître ses limites, quitte à l'empêcher de travailler. Ce ne fut qu'après deux mois de climat difficile qu'elle réalisa qu'ils instauraient volontairement un rapport de force : si elle voulait qu'ils écoutent, elle devait les empêcher de faire tout ce qu'elle tolérait de ses élèves allemands parce qu'en France, quand on fait ce genre de choses, c'est par manque de respect vis-à-vis de l'enseignant. Elle m'avoua ne pas comprendre pourquoi certains élèves français n'avaient pas la même autodiscipline que les élèves allemands : pourquoi se positionnaient-ils contre l'enseignant, prêts à lui ruiner son cours et non dans un rapport de confiance ? Pourquoi ne comprenaient-ils pas qu'ils étaient là pour apprendre et l'enseignant pour leur donner les moyens de le faire ?

Sa première année fut assez difficile mais à la rentrée dernière, sa méthode avait changé du tout au tout. Elle s'efforçait à présent d'être ou de paraître sévère, elle si enjouée et décontractée, de ne pas attendre avant de mettre des colles ou de demander le cahier de liaison de l'enfant, elle qui préfère toujours parler avec la personne concernée plutôt que de se plaindre auprès des parents ou de demander le soutien de la direction, tout cela dans un seul but : qu'ils la respectent et qu'elle puisse travailler dans des conditions acceptables. C'est à ce prix-là qu'elle devait gagner le respect des élèves, respect qui lui était acquis en Allemagne par le simple fait qu'elle était l'enseignante.

Il serait exagéré et inexact de conclure qu'en Allemagne, les conditions de travail pour l'enseignant et pour l'élève sont bien meilleures qu'en France mais force est de constater qu'elles sont en tout point différentes. Au cours d'échanges scolaires, il n'est pas rare d'entendre de la bouche de lycéens français qu'ils aimeraient bien étudier en Allemagne car ils y seraient plus libres, d'après eux ! C'est quand même un paradoxe pour nous, Français, qui avons souvent de l'Allemagne l'image d'un pays strict... Inversement, quand j'interroge les parents allemands sur les raisons qui les ont amenés à inscrire leur enfant dans le système français, ils m'en donnent souvent deux : la discipline et la rigueur "à la française" qu'ils n'ont pas dans leur système. Quel paradoxe !

Jamais je n'aurais soupçonné, à mon arrivée en Allemagne il y a dix ans, à quel point deux pays, pourtant géographiquement si proches, pouvaient avoir deux systèmes scolaires, deux approches, deux façons de penser si différentes l'une de l'autre. Quant à savoir où il fait meilleur étudier, je vous avoue être la personne peut-être la moins bien placée pour le dire. Depuis que ces différences m'intéressent, elles me préoccupent aussi. Quand nous avons été confrontés à certaines différences de système, de pensée, de structure, quand nous avons commencé à nous pencher sur le collège et le lycée, sur ce fameux test en fin de CM1 et sur l'éventualité que nos filles ne puissent, en raison de leur niveau en allemand, intégrer un *Gymnasium*, nous avons été envahis d'un grand doute. Je crois, si je suis honnête avec moi-même, que si nous avons décidé d'inscrire nos filles au Lycée Français de Hambourg et d'engager pour cela un déménagement avec tout ce que cela comporte, c'était par peur de ne pas se sentir suffisamment à l'aise dans un système inconnu. Nous avons préféré leur assurer les mêmes bases et structures que celles qui nous avaient modelés, même si nous étions conscients de ses imperfections et des avantages que peut représenter le système allemand.

Une amie à moi, mariée à un allemand et mère de trois grands enfants, m'a souvent raconté les longues discussions qui les animaient, son mari et elle. Devant ses doutes, il lui présentait sa carrière et sa réussite (docteur) et lui disait souvent : "Je reconnais que nos deux systèmes sont complètement différents mais est-ce que je suis plus bête qu'un autre ?" Même si à cette époque, les structures françaises ou bilingues étaient encore inexistantes à Brême, (ce qui facilitait la réflexion) elle a décidé d'elle-même de ne pas se poser autant de questions et de prendre ce qu'il y avait à prendre dans ce pays. Ses trois enfants ont donc été scolarisés dans les écoles allemandes, y ont appris à lire un an plus tard que leurs cousins, y ont étudié le français comme s'il s'agissait d'une langue étrangère et ils s'en sont aujourd'hui très bien sortis. Les trois sont parfaitement bilingues en français et en allemand, parlent par ailleurs d'autres langues étrangères et à un très bon niveau et ont vécu leur double origine comme une chance et un enrichissement. Une autre copine, française aussi et mariée à un Allemand, a au contraire décidé de faire basculer ses enfants dans le système allemand pour mieux les préparer aux études en Allemagne.

Pour nous, cela est évidemment différent du fait que nous sommes tous les deux français et même si le système allemand est tentant, il reste étranger à notre cellule familiale et donc encore difficile à apprécier. Je crois que le plus important est bien évidemment le bien être de l'enfant dans son environnement familial et quel que soit le système scolaire choisi, si celui-ci est stable, sa stabilité affective atteinte, il a autant de chances de réussir qu'il provienne d'un système ou d'un autre.

Petits riens qui font la différence...

Affaire d'aiguilles...

Quand vous donnez un rendez-vous à un Allemand, que ce soit d'ordre professionnel ou privé, vous devez vous attendre à avoir quelques surprises.

Pour l'Allemand, l'heure que vous donnez sera considérée comme l'extrême limite à ne pas dépasser : par exemple, quand je donne un rendez-vous à quelqu'un chez moi à 19h, il arrive vers 18h45 dans 90% des cas. Le plus surprenant est qu'il ne se sent pas forcément gêné de ne me voir pas encore prête et ne s'excusera donc pas obligatoirement car pour lui, le plus important, c'est de ne pas arriver en retard (c'est-à-dire pour moi à l'heure !).

L'une des raisons, d'après mes lectures et les témoignages recueillis, pour lesquelles ils arrivent souvent plus tôt que l'heure donnée est qu'ils calculent leur temps de trajet en prenant en compte certains paramètres qui nous échappent ou auxquels nous, Français, n'aurions certainement pas pensé. En France, on mentionne souvent les risques de bouchon ou d'accident ou éventuellement une panne mais en Allemagne, ils font la somme de tout ce qui peut survenir et ils rajoutent à cela cinq minutes au cas où la barrière de chemin de fer soit fermée (Brême est une ville traversée par la voie ferrée et on peut être sûr que pour se rendre d'un point A à un point B, la route va être coupée par un passage à niveau). Il faut en général compter au minimum 4-5 minutes si les barrières sont baissées car un train passe dans un sens et quelques minutes plus tard, un autre dans l'autre sens. En bon citoyen soucieux de l'environnement, les chauffeurs éteignent leur moteur ce qui rajoute encore quelques secondes. A cela s'ajoute l'angoisse de ne pas avoir prévu quelque chose et cela vous donne un bon quart d'heure... qui s'avère être un quart d'heure d'avance étant donné que dans la plupart des cas, rien de tout ce que l'on avait prévu n'est arrivé...

De ce fait, ils s'attendent aussi à ce que vous arriviez avant l'heure officielle de rendez-vous ce qui peut être facteur de stress pour celui qui est invité. Cela m'est arrivé plusieurs fois, alors que j'étais tranquillement assise dans le tram ou dans la voiture et qu'il était 18h45 (pour un rendez-vous à 19h) d'entendre mon portable sonner. Je réponds et m'entends dire :

«Mais, où es-tu » ?

Et moi de répondre, naïvement :

«Et bien, sur la route ! Pourquoi ? Tu as un problème ?»

- Non, je t'attends. Tu es en retard !» !!!!

De même un après-midi, le groupe de jeu de ma deuxième fille organisait une sortie en vélo à la ferme pour manger des glaces maison. L'heure de rendez-vous était fixée à 15h. D'après mes calculs, je devrais avoir besoin d'un quart d'heure pour m'y rendre. En effet, la distance ne devait pas dépassé les 2 kilomètres mais je traînais derrière moi la carriole si typique en Allemagne dans laquelle mes deux filles étaient tranquillement assises. Le poids que je devais tirer devait s'élever à une bonne vingtaine de kilos. A cela, s'ajoutait une constante à Brême : le vent. Pour des jambes entraînées d'allemandes, cela n'est en rien un obstacle à la vitesse mais pour les miennes, rien n'était garanti. C'est pour cette raison que nous sommes parties de la maison vers 14h40, prévoyant ainsi 5 minutes de marge. Nous sommes arrivées au point de rendez-vous à 15h précises et quelle ne fut pas notre surprise en voyant que personne n'était là. Nous avons sagement attendu 3-4 minutes puis je me suis rendue à la réalité : ce n'était pas que les autres mamans n'étaient pas encore arrivées mais tout simplement qu'elles étaient déjà parties ! Nous avons eu beau regarder dans toutes les directions, nous avancer dans deux rues, personne. Nous sommes donc rentrées bredouille et la belle glace faite maison sur laquelle nous avions toutes les trois fantasmé s'est vue remplacée par une glace sous papier cellophane achetée dans une station-service...

Le pire fut le lendemain matin, quand j'amenais ma fille dans son groupe de jeu et que je racontai à la maîtresse, non sans colère, ce qui nous était arrivé la veille. Elle n'eut aucune réaction de compassion, bien au contraire : je me suis entendue dire que l'heure de rendez-vous étant 15h, cela signifiait que l'heure de départ était 15h... étant donné que l'on doit toujours arriver 10 minutes avant l'heure pour ne pas être en retard... J'ai eu beau m'évertuer à lui expliquer, avec calme, que si l'on voulait fixer l'heure de départ à 15h, il aurait fallu donner 14h45 comme heure de rendez-vous, rien n'y fit et elle ne changea pas d'avis ni d'état d'esprit. C'était de ma faute si nous étions arrivées en retard !

Depuis ces nombreuses expériences, j'ai appris à mes dépends que pour être sûre d'arriver à l'heure je devais arriver au minimum 10 minutes en avance sur l'heure de rendez-vous. J'en ai même été jusqu'à changer l'heure dans ma voiture et l'avancer de 5 minutes. Le plus amusant est quand je retourne en France et que je continue d'arriver 10 minutes avant l'heure et de m'apercevoir que vingt minutes après, la personne n'est toujours pas arrivée et n'a pas, le plus souvent, appelé pour signaler son retard…

Invitation

J'ai toujours appris dans mon pays, que quand on est invité à une soirée ou à un dîner, il est poli de répondre à l'invitation en confirmant ou infirmant notre venue. Et bien, chez nos amis les allemands, on ne fonctionne pas tout à fait de la même façon. Regardez-donc.

Une très bonne amie à moi, française, mariée à un Allemand me raconta cette histoire amusante. Un soir, sa belle-sœur (allemande donc) les appelle pour les inviter à un thé le week-end suivant. Ils trouvent le message sur leur répondeur en rentrant un soir. Le lendemain, mon amie demande à son mari s'il a rappelé sa sœur et cela donne :

«Chéri, as-tu appelé ta sœur au sujet de l'invitation ?

- Euh non, pourquoi est-ce que je devrais la rappeler ?

- Et bien pour lui dire que l'on vient.

- Ah ben non, je l'aurais appelée si on ne pouvait pas y aller mais là, ce n'est pas la peine.»

Ayant une toute autre façon de voir les choses, elle insiste auprès de son mari qui, après quelques heures de discussion, cède. Et cela donne :

- Coucou sœurette, je t'appelle pour l'invitation.

- Tout va bien ? Pourquoi tu appelles ? Vous ne venez pas ?»

Dans le cadre de mon activité professionnelle, il m'est arrivé des expériences assez similaires mais bien moins amusantes.

Une maman est venue visiter la crèche avec sa petite fille. J'étais en vacances ce jour-là et n'ai donc pas pu la rencontrer.

Elle expliqua à mes collègues que cela lui plaisait beaucoup et qu'elle aimerait bien avoir des renseignements supplémentaires et éventuellement inscrire sa fille. Mes collègues lui indiquèrent à partir de quelle date elle pouvait me contacter et oublièrent de lui demander son numéro de téléphone. A mon retour trois semaines plus tard, je n'avais toujours pas eu de message de sa part. Un vendredi soir, en rentrant, je trouve un message sur mon répondeur avec un numéro de téléphone et le prénom de la petite fille : j'en déduis qu'il s'agissait de la même maman. Je lui laisse trois messages dans le week-end. Un mois se passe sans plus de nouvelles quand soudain, un soir à 19h30, un homme avec une voix taciturne et grave me demande (et non me prie) de le rappeler concernant sa fille Émilie. Un peu choquée par le manque de rondeurs et de politesse, je décide de ne le rappeler que le lendemain. Je tombe sur une dame assez désagréable qui, au moment où je lui dis être étonnée de son appel plusieurs semaines après sa venue, m'interrompt et me dit :

« Mais si j'avais trouvé une autre crèche pour ma fille, je vous aurais appelée ! Pour moi, si je ne vous appelle pas, c'est que justement, je suis encore intéressée !» ?!!!!!

Mais tout cela est évident ma chère dame ! Enfin, vérifiez bien que si on vous invite à 19h, il s'agit bien d'une invitation à dîner... Les Allemands affectionnent en effet de dîner tôt (18h) et il n'est pas impossible qu'ils vous invitent uniquement à boire le fameux verre de vin post-dinatoire...

Gesund

L'Allemagne a toujours eu une longueur d'avance dans le domaine écologique et il ne s'agit pas seulement d'une préoccupation des pouvoirs publics (arrêt du nucléaire d'ici à 2022 par exemple) mais bel et bien un sentiment que partage la majorité de nos voisins les Allemands. Tout leur quotidien le reflète.

L'Allemagne est championne d'Europe des ventes à vélo avec un total annuel de 4,3 millions. Certes la France n'est pas loin derrière avec 3,1 millions mais nous sommes probablement aussi le pays champion du nombre de vélos stockés au fond d'un garage... En Allemagne, rares sont ceux qui l'utilisent rarement ou lui préfèrent la voiture car même si on y aime la vitesse sur les autoroutes, la qualité de vie dans son lieu d'habitation a une importance encore plus grande. Tout est donc prévu dans les agglomérations pour permettre aux citoyens de rouler le plus souvent et en toute sécurité à vélo. Certes, il existe une politique environnementale forte qui incite les habitants à utiliser des moyens de locomotion respectueux de l'environnement et qui les sensibilise ainsi à réduire les émissions de CO_2 mais pour la plupart des Allemands, cela est tout simplement évident.

J'ai le souvenir, quand je conduisais Lucie à l'école, que nous croisions sur les pistes à vélo ses copains de classe qui habitaient le plus souvent encore plus loin que nous (>2km). Quand une fois à l'école, j'avais le malheur de me plaindre face au manque de place de parking, ils ne manquaient pas de me demander pourquoi je m'obstinais à prendre la voiture : je polluais, j'empêchais mes enfants de faire de l'exercice et d'être à l'air libre... J'avais beau évoquer les nombreux jours de pluie, de froid, de neige ils me répondaient ce que vous avez certainement déjà retenu : "il n'y a pas de mauvais temps, il n'y a que des mauvais vêtements" ! J'avoue comprendre ce point de vue mais avoir encore du mal à exposer mes enfants à des températures négatives dès le petit matin dans le seul but de leur faire prendre l'air...

De même qu'un vélo rime avec qualité de vie, le sport en général occupe une place très importante dans le quotidien des Allemands. Cela m'a toujours amusée de voir que la première question que me posaient les Allemands portait sur le *Verein* auquel nous étions affiliés. Quand au début, je leur disais n'être affiliée à aucun, ils affichaient un visage de désolation et s'empressaient de m'en recommander quelques-uns. Je suis pourtant une personne que l'on pourrait qualifier de sportive mais c'est plutôt en piscine que j'aime aller. Pour mes enfants encore jeunes, je faisais confiance à l'école et ne voyais donc pas l'intérêt de les inscrire en plus dans une association. À force d'en entendre parler, je me suis laissé convaincre. Elles y ont suivi des cours de sport, de danse classique et moderne. Aujourd'hui, j'en suis ravie et ne peux que le recommander ! L'abonnement annuel est souvent dérisoire au vu du nombre d'activités auxquels il vous donne accès et cela permet aux enfants, jeunes donc souvent malades ou fatigués, de pouvoir s'initier à diverses activités sans avoir mauvaise conscience si jamais l'enfant vient à manquer. Nous pourrions penser que celui qui se soucie de la qualité de vie s'alimente sainement. Et là encore, l'Allemagne regorge de paradoxes. Si l'on considère que la moyenne européenne des terres cultivées en bio est de 4 à 5%, l'Italie est championne d'Europe avec plus du cinquième de son territoire ; elle est suivie de l'Espagne et de l'Allemagne avec 11%. La France arrive en cinquième position pour l'importance des terres mais occupe la vingt-et-unième place si l'on compte la part de la production biologique dans le total de l'agriculture (2%). L'Allemagne est un pays leader dans le domaine de l'agriculture biologique et le chiffre d'affaires des produits issus de l'agriculture biologique s'élevait en 2007 à presque 4 milliards d'euros[5]. D'après certains spécialistes, la grande écocitoyenneté des Allemands est l'une des explications du grand développement de l'agriculture biologique et pour vivre parmi eux, je ne peux que le confirmer. Ils ont le réflexe d'acheter bio tout simplement parce qu'ils savent que c'est meilleur pour leur santé et pour l'environnement. De plus, depuis plusieurs années déjà, plusieurs circuits de distribution, comme les grandes surfaces ou les *discounters*, offrent aux consommateurs une gamme variée de produits bio à des prix abordables. A cela s'ajoute la vente directe qui représente 10% des ventes totales de produits biologiques.

La Directrice de l'Agence Bio, Élisabeth Mercier, veut relativiser le retard de la France[6] : d'après elle, "l'histoire du bio en France est ancienne et peut se voir à travers des initiatives privées comme la mise au point du pain au naturel par Raoul Lemaire en 1929 ; la création du réseau de magasins *La vie claire* en 1964 et la première reconnaissance en 1980 de l'agriculture biologique avec l'intégration dans la loi d'une agriculture sans produits de synthèse. On a été en pointe en Europe, y compris avec la création du label AB en 1985. Ce label a facilité la vie des consommateurs, les Allemands ont créé BIO au début des années 2000 et les Italiens sont toujours en train de courir après le leur."

---

[5] Surface bio et en conversion en Europe en 2009 et 2010 et pourcentage (SAU bio et en conversion/SAU nationale), Agence Biologique.

[6] *La France, lanterne rouge de l'agriculture bio européenne*, Sophie Verney-Caillat, 21.02.2009

Toujours d'après Élisabeth Mercier, l'Allemagne représente à elle seule 30% de l'ensemble de la consommation bio en Europe devant le Royaume-Uni, l'Italie et la France. La part de marché du bio est significative pour les œufs (11% du marché), le lait (8%), les huiles, les fruits et légumes (2 à 3%), les compléments alimentaires et certains produits ne se trouvent qu'en bio comme le quinoa.

Ce qui m'intéresse ici est de voir que les statistiques reflètent parfaitement la réalité allemande : les Allemands produisent et consomment bio. Leurs habitudes culinaires, bien que très différentes des françaises, sont également très saines parfois. Je vous parlais dans le chapitre consacré au système scolaire des Tupperware appelés *Dose* et dans lequel les enfants apportent un casse-croûte pour la pause de 10h. A la crèche allemande, où s'est amorcé mon premier contact avec la culture culinaire allemande, j'ai été très surprise d'observer ce que contenaient ces fameuses boîtes : des carottes crues, du poivron cru, des tomates cerises, des morceaux de pommes non pelées, des rondelles de concombre, le tout pour un casse-croûte souvent pris à 10h... Même si cela ne nous viendrait pas à l'idée de donner ce genre de goûter à nos enfants, nous devons reconnaître que c'est sous cette forme, crue, que les légumes regorgent de plus de vitamines. Il m'arrive encore aujourd'hui, quand une copine de mes filles vient déjeuner à la maison, de préparer une portion de légumes crus (carottes par exemple) car elle me dise ne pas les aimer autrement.

Paradoxalement, dans ces mêmes *Dose*, on peut y trouver des saucisses sèches, des sandwichs au pâté, du salami, des bretzels au fromage, des sachets de bonbons... Quand Lucie ouvrait la sienne, les éducatrices me regardaient, surprises : les tartines beurre-confiture, la petite barre de céréales, la brioche ou le pain au lait ne leur semblaient absolument pas *gesund* (sain). Encore aujourd'hui, j'avoue être surprise de ce grand écart qui ne cesse de me fasciner. De même pour les repas, nombreuses furent les discussions avec les autres mères et les maîtresses. Alors que je leur disais manquer d'inspiration parfois pour trouver deux idées de menu par jour, elles me demandaient systématiquement : "Mais tu cuisines **deux** fois par jour ? Tes enfants mangent donc *warm* (chaud) deux fois par jour ?" Cette notion de *warm* sous-entend repas complet et il n'est pas rare que les Allemands n'en prennent qu'un par jour. Je leur expliquais souvent que l'on pouvait manger *warm* le soir aussi sans forcément manger lourd : cela pouvait être une soupe ou des légumes vapeur mais cela ne nous permettait pas de mieux nous comprendre. Le soir, il est en effet de tradition de manger le *Abendbrot*, repas froid servi parfois sur des tablettes individuelles, à base de charcuterie, crudités, fromage et pain (noir de préférence). Pour le pratiquer aujourd'hui, j'avoue que c'est évidemment un gain de temps et d'énergie pour la maman mais je continue de manger une poêlée de légumes à midi et une soupe le soir...

Même si j'ai évidemment plus ri de ces différences, j'ai quand même lu récemment dans un quotidien allemand (*Hamburger Abendblatt,* 08.01.11) que 70% de l'ensemble des maladies en Allemagne résultent d'une mauvaise alimentation. Je trouvais ce chiffre fort élevé et très inquiétant. Alors oui les Allemands mangent bio, préfèrent le pain noir au pain blanc, font du sport et roulent le plus souvent à vélo mais restent en même temps de grands consommateurs de *Bratwurst* (saucisse grillée, à la base de nombreux repas) glissée dans un mini *Brotchen* blanc décorée le plus souvent de sauce Ketchup ou Curry, accompagnée de frites *rotweiss* (sauce rouge-blanche à base de ketchup ET de mayonnaise), tout en buvant de la bière et du vin blanc.

Toute culture est surprenante et l'avantage de vivre à l'étranger est de pouvoir y découvrir des pratiques inconnues dans son propre pays. Libre à chacun de les adopter ou pas. Notre famille fait de jolis mélanges avec des soirées *Abendbrot* et des légumes crus dans la *Dose*... à la plus grande joie de mes filles et de la cuisinière !

La propreté allemande : un cliché ?

Quand on évoque l'Allemagne, l'un des clichés qui nous vient le plus souvent à l'esprit est la propreté. Alors, est-ce un cliché ou pas ?

Pour avoir vécu plusieurs années dans ce pays, je peux témoigner et affirmer que l'Allemagne est un pays où la propreté est une véritable institution. Elle touche tous les domaines et obéit à des motivations diverses. On pourrait commencer par parler de la propreté des intérieurs allemands. Vous pourrez vous en rendez compte par vous-mêmes car dès votre arrivée, on vous propose systématiquement et dès votre arrivée, la visite de la maison. Au cours de la visite, vous serez le plus souvent frappés par l'aspect impeccable des lieux, et ce, à tout moment de la journée même si on ne peut pas généraliser et dire que tous les foyers allemands ressemblent à des maisons témoins. Le plus impressionnant concerne les cuisines : au premier regard, vous n'apercevez rien si ce n'est l'évier et les meubles encastrés. Puis, vous vous mettez à chercher, et toujours rien. Le sel, le poivre, les huiles, les ustensiles, la carafe d'eau, je ne sais pas moi, quelque chose qui indiquerait que la maison est habitée et la cuisine utilisée, non, rien, décidément rien. Mais comment font-ils ? L'un de leurs secrets est je pense d'avoir un endroit pour chaque chose et suffisamment de discipline pour les y ranger. Je tiens ici à préciser qu'il m'est arrivé également de rendre visite à des amis allemands et de trouver un appartement beaucoup plus "vivant" que ceux décrits ici mais il est vrai que, de façon générale, ils donnent l'impression d'être plus rangés que leurs compères français.

Un autre exemple : la *Garderobe* (porte-manteau ou penderie). Il s'agit-là d'un lieu très important dans les intérieurs allemands. Il ne s'agit pas seulement d'un porte-manteau sans style ou d'une tringle improvisée mais bel et bien d'un espace, souvent agréable à l'oeil, où tout est conçu pour y ranger manteaux, chaussures, sacs à main ou tout autre objet dont on aime se débarrasser en entrant dans un lieu. Que ce soit dans le train (où un petit crochet correspondant au siège vous permet d'accrocher votre veste), que dans les restaurants ou bars (où un endroit est prévu pour) que chez les particuliers, les manteaux ont une place bien attitrée. Tout se doit d'être rangé. Lorsque nous étions en France récemment, nous sommes allés dîner dans un restaurant. Le hasard a voulu que les deux clientes qui sont entrées après nous étaient allemandes. Je ne les avais pourtant pas entendu parler mais j'ai tout de suite su qu'elles l'étaient et ce, grâce à leur regard désemparé devant l'absence de porte-manteau…J'avoue, après avoir vécu ici pendant plusieurs années, m'être également habituée à ce confort de trouver un lieu où je peux tout laisser et qui, visuellement, s'intègre à la pièce. Depuis que nous avons déménagé dans notre maison à Hambourg, nous maudissons l'entrée qui est trop petite pour y accrocher quoi que ce soit. Nous avons refusé d'acheter un porte-manteau, pas très élégant à notre goût, et sommes dans l'attente d'un devis pour construire, dans le salon, une jolie *Garderobe* qui s'intègre à notre intérieur...

J'évoquais dans un chapitre précédent l'importance capitale d'entretenir son jardin, je n'y reviendrai donc pas.

Sans tomber dans de vulgaires clichés, j'aimerais aborder maintenant le sujet suivant : l'apparence. Je me rappelle encore avoir été très souvent surprise les dimanches matins, vers 7h30 (réveil matinal des jeunes parents) quand je me "comparais" aux autres clients dans la boulangerie. Rien ou si peu ne pouvait laisser penser qu'il s'agissait d'un jour férié et que l'heure était si matinale, pour eux aussi : leur coiffure, leur visage et leurs vêtements, tout était élégant et soigné. Je regardais avec envie ces femmes, apparemment douchées et peignées, accompagnées de leurs bambins eux-aussi déjà pomponnés ou ces jeunes papas dont la coiffure, à l'arrière, ne gardait aucune trace de l'oreiller... Mais à quelle heure s'étaient-ils donc réveillés ? J'étais littéralement impressionnée. Je me pose les mêmes questions chaque fois que je sors de la piscine. Chacun sait que si l'on ne porte pas de bonnet, les cheveux s'emmêlent surtout si on les a longs. Et chacun sait aussi (du moins, je l'espère !) que l'on ne pense pas toujours à prendre de brosse, se disant que l'on se préparera à la maison. Et pourtant, je crois être une extraterrestre ici tellement je suis toujours la seule et unique femme à sortir des cabines les cheveux ébouriffés. Il n'y a pas à dire : ils sont organisés et rien ne leur échappe. Je m'amuse parfois à faire le test à la sortie des piscines pour savoir qui des personnes qui sortent se sont réellement baignées : je suis à peu près sûre de systématiquement me tromper. A l'inverse, quand je retourne en France, je me surprends à faire attention à ce genre de détails et remarque bien des différences. Les nuques des hommes par exemple : ici, elles sont souvent peaufinées au rasoir et pas un seul cheveu ne dépasse ni ne pousse en dehors de la ligne "à ne pas franchir" que semble indiquer le bas de la coiffure. En France, rares sont celles qui ne sont pas "en friche", ce qui donne un côté plus nonchalant certainement mais qui, vus avec des yeux germanisés, ne fait pas "net" ou *picobello,* pour reprendre une de leurs chères expressions.

La voiture ne déroge évidemment pas à la règle et on comprend cela quand on connaît le rapport très particulier qu'entretiennent les Allemands avec leur véhicule. J'ai lu récemment qu'il s'agissait d'une prolongation de leur être et d'une vitrine supplémentaire de ce qu'ils sont : elle se doit donc d'être à la hauteur de leur coiffure, de leur jardin et de leur intérieur. Personnellement, et ma mère pourrait en témoigner, j'ai toujours aimé laver les voitures, à l'intérieur comme à l'extérieur et le plaisir d'être au volant d'une voiture propre m'a toujours beaucoup plu. Depuis que je suis en Allemagne, où je reçois malgré moi une influence certaine, j'y fais certainement encore plus attention. Ils sont, dans ce domaine également, très organisés et très bien équipés en centrales de lavage (qu'ils préfèrent d'ailleurs aux rouleaux automatiques). Récemment, des nouvelles chaînes sont nées, écologiques, avec récupération de l'eau de pluie, panneaux solaires, et où les passagers restent dans leur véhicule tout au long du parcours (personnes sensibles et claustrophobes s'abstenir !). Après avoir payé une somme plus ou moins raisonnable (ne pas compter moins de 7EUR pour le programme basique), un employé passe votre voiture au jet à haute pression et vous guide vers les rails. Là, des jets d'eau plus ou moins violents font place à une shampouineuse virulente et à un séchoir puissant qui fait remonter toutes les gouttes sur le toit puis vers l'arrière du véhicule avant de terminer par une valse de serviettes qui viennent caresser tout en douceur votre carrosserie lustrée. Autant vous dire que le résultat en est vraiment étonnant. A la sortie, vous avez droit d'utiliser gratuitement des aspirateurs dont la puissance est garantie. Votre voiture ressort impeccable à l'extérieur comme à l'intérieur.

C'est une pratique que je n'ai pas eu de mal à adopter en arrivant ici et j'avoue y trouver même un certain plaisir. Je l'amène une fois par mois en fonction de la météo mais ce doit être bien en dessous de la moyenne de la plupart des ménages. Celle des autres semble toujours plus impeccable que la mienne. Je suis toutefois souvent surprise quand je les observe y passer autant de temps et peaufiner des endroits de la voiture très exposés. Ce n'est pas rare de les voir nettoyer la plaque d'immatriculation ou l'intérieur des jantes au torchon... quand bien même le temps est menaçant... Une fois, il m'est arrivé d'aller laver ma voiture car le temps était au beau puis, en arrivant aux aspirateurs, il s'était mis à pleuvoir violemment. J'ai râlé en mon fort intérieur mais ai quand même passé l'aspirateur, me disant que cela, ce n'était pas du temps de perdu. Quelle ne fut pas ma surprise de voir des personnes, à genoux devant les pneus de leur voiture, à astiquer les jantes et leur plaque d'immatriculation...

Parlons maintenant de la propreté des lieux publics. Quand nous recevons de la visite, c'est souvent ce devant quoi les personnes s'émerveillent. J'avoue l'apprécier tous les jours mais d'autant plus quand je reviens en France ou quand je voyage dans d'autres pays. Loin de moi l'idée de penser que la France est sale mais elle est en tout cas moins régulière et constante que l'Allemagne sur ce point. Que ce soit dans les restaurants ou les gares ou encore les aéroports, où le passage est pourtant conséquent, ils sont à nouveau très forts. On se sent respecté et on a donc encore plus envie de respecter ces lieux et de les laisser tels qu'on les a trouvés. La phrase écrite "Merci de laisser les toilettes dans le même état où vous les avez trouvées" prend ici tout son sens même si elle n'est que très rarement présente dans les toilettes en Allemagne... De même les métros ou les tramway sont littéralement impressionnants. Nous étions à Paris récemment et avons emprunté la ligne du RER B. Notre fille aînée, très sensible (et sensibilisée) à ce sujet-là, était très choquée de voir l'état de saleté du sol, des vitres et des sièges. Nous nous sommes tout de suite demandé dans quel état se trouvaient les transports en commun à Hambourg et à notre retour, nous nous sommes empressés de les utiliser. Aucune comparaison n'était possible : le sol était propre, rien n'y traînait, les vitres étaient faites et ne portaient aucune trace de mains, les murs des stations étaient étonnamment propres. Mon mari m'a fait la remarque que les sols et les murs étaient recouverts de carrelage blanc et nous étions bien obligés de constater qu'ils arrivaient à les garder propres et sans tags, et ce malgré le passage quotidien de milliers de passagers. Force était de constater qu'on n'y voyait aucune trace de saleté... Mon propos n'est pas d'affubler la France des pires critiques et d'encenser l'Allemagne mais je suis bien obligée de faire part de ces différences. Dans ce type de situation, je m'interroge immédiatement sur les raisons : est-ce parce que le nettoyage n'est pas fait ou est-ce parce que les usagers ne respectent pas autant les lieux publics d'un côté que de l'autre du Rhin ?

Ce même respect d'autrui est également présent dans les locations saisonnières. Nous avons effectué plusieurs séjours dans des gîtes ou hôtels en Allemagne et le degré d'exigence de la propreté était le même partout, quel que soit le nombre d'étoiles ou d'épis de l'objet loué. C'est-à-dire qu'autant les sols (y compris ou surtout sous les lits !), les sanitaires, le mobilier, les murs sont impeccables. Cela semble faire tellement partie de la norme que nous finissons parfois par ne plus y faire attention. C'est quand nous avons loué un gîte dans une région de France puis un autre puis dormi dans certains hôtels que nous avons réalisé la chance que nous avions d'être "traités" ainsi en Allemagne. Encore une fois, même si je le répète et que mes exemples pourraient aller dans ce sens, je n'aspire pas à critiquer la France mais simplement à souligner qu'une nouvelle fois, nous ne savons pas être aussi réguliers dans notre rigueur de propreté. Peut-être est-ce parce que cela ne fait pas partie de nos priorités ou pas autant qu'en Allemagne ? Je ne veux surtout pas céder à ce cliché qui dit que les Français ont la réputation d'être sales car les généralités sont souvent fausses mais il est vrai que nous avons eu quelques mauvaises surprises. Notre dernière "mauvaise" expérience était dans les Vosges, dans un gîte de montagne. Quand, à la fin du séjour, j'ai abordé le sujet avec le propriétaire, sa réaction n'a fait qu'empirer la situation. Il n'y avait pas à discuter, le gîte était propre à notre arrivée et il ne pouvait pas en être autrement car c'était lui qui s'était occupé du ménage. D'un fait il en faisait un problème personnel. Quand je lui mentionnai la quantité de poussière trouvée sous le canapé et sous le lit ; l'état de saleté des sanitaires et de la salle de bain, il ne semblait pas me croire : j'étais à ses yeux beaucoup trop exigeante. Je ne veux évidemment pas généraliser et dire que tous les Français sont comme ce monsieur, mais je crois réellement que là où nous visons la propreté, les Allemands eux semblent atteindre la propreté impeccable.

Un ami allemand me faisait le récit de son séjour au Portugal et me disait s'être insurgé, dès son arrivée dans l'appartement de location, d'un point à ses yeux inacceptable : la porte d'un placard de la cuisine ne se fermait pas complètement...

Pour clore ce chapitre, nous pourrions parler des rues et des trottoirs… Rares sont les papiers qui traînent ou les poubelles pas vidées et dégorgeant d'ordures, tout est impeccable et en toute saison. Paradoxalement, je ne vois pas plus d'éboueurs dans les rues ici qu'en France, voire éventuellement moins. Je préfère mettre cette propreté sur leur écocitoyenneté et leur grande discipline. Le résultat est vraiment impressionnant. Concernant les trottoirs, il existe une loi qui régit la responsabilité civique des citoyens. Entre 7h et 21h, week-ends et jours fériés compris, les propriétaires ou locataires qui ont un trottoir devant chez eux en sont pleinement responsables. Ils se doivent donc de les entretenir et d'en permettre le passage… et ce quelle que soit la météo ! Quand nous habitions à Brême, nous avions une maison à l'angle de deux rues. Nous étions donc responsables d'au moins une cinquantaine de mètres de trottoir. La première fois qu'il a neigé et que je me suis rendue à la boulangerie, j'ai tout de suite été attirée par le voisin qui, dès 6h30, à l'aide d'une machine à moteur, dégageait la neige du trottoir d'en face ou par cet autre qui raclait le bitume avec une pelle en métal. Je me suis dit en mon for intérieur qu'ils n'avaient vraiment rien d'autre à faire, un dimanche, à cette heure si matinale... Ce n'est que quelques heures plus tard que je compris qu'ils ne se livraient pas à cette activité de plein gré mais bel et bien parce qu'ils le devaient et parce qu'ils prenaient à cœur la sécurité des piétons. Un voisin est venu me dire qu'il fallait que je nettoie au plus vite le trottoir car si quelqu'un glissait et se faisait mal, c'était nous qui allions être tenus pour responsables... J'ai essayé de voir si les dimanches et jours fériés, il était possible de le nettoyer un peu plus tard que 7h : il n'a pas semblé comprendre la question et m'a répété qu'il fallait nettoyer pour éviter des accidents... Je ne rentrerai pas dans les détails mais c'est avec des douleurs dorsales que je me remémore encore ces heures consacrées au déblaiement du trottoir les jours de neige... et de verglas ! Il va sans dire que dans ces cas-là, il y a toujours un piéton, âgé le plus souvent, qui y va de sa petite remarque et qui n'est pas satisfait parce qu'il reste de la neige ou parce que le passage que vous avez dégagé n'est pas assez large ou encore parce que vous utilisé des graviers et qu'il aurait préféré du sable ou l'inverse...Il faut le prendre avec humour mais suivant les circonstances, c'est plus ou moins facile. Personnellement, le plus dur était de les voir juger le travail que vous faîtes mais quand j'ai réalisé que ce que je faisais n'était pas un service à la communauté mais bel et bien un devoir civique, je compris un peu mieux. Ce qui m'amusait en revanche était de voir avec quel soin les voisins arrêtaient de nettoyer le trottoir à la limite de leur terrain, comme si cette limite était matérialisée par une ligne de couleur. Cela donnait une vision assez comique des trottoirs où des parties étaient recouvertes d'un épais manteau blanc et juste à côté, séparé par une ligne bien droite, le bitume noir. Je me suis souvent imaginé organiser un concours : le concours du trottoir propre le plus tôt ! Depuis que nous avons déménagé à Hambourg, cette règle reste valable mais semble beaucoup moins appliquée ou du moins, de façon plus flexible. Il nous est arrivé de ne pas le faire ou de ne le faire que tard dans la matinée et à aucun moment, nous n'avons reçu de commentaires négatifs de la part des passants. Il n'est pas rare non plus de se lever et de remarquer que notre trottoir est déjà propre. Le voisin de droite ou la voisine de gauche s'en était déjà gentiment chargé(e). Comme quoi, au sein d'un même pays mais dans deux villes de taille différente, les règles et les mœurs peuvent aussi présenter de grandes différences.

Une petite anecdote sur la neige pour clore le chapitre avec le sourire. Il y a deux ans, en Décembre 2010, des milliers de conducteurs restaient bloqués sur les autoroutes françaises, en pleine nuit, à cause de la neige, seuls, livrés au froid et à la nuit. Nous avions apparemment été tous surpris par ces chutes de neige, qui n'avaient été annoncées que de façon partielle et en faible quantité (2,5 cm de neige annoncée sur le bassin parisien contre 20 cm réellement tombés). On aurait le droit de se poser alors deux questions :

1. Comment se fait-il qu'à notre époque, nous ne puissions prévoir plus précisément ce genre de changement météorologique ?
2. Même si ces chutes avaient été sous-estimées, comment se fait-il que les conducteurs n'aient pas anticipé ni envisagé un autre moyen de locomotion que leur voiture ?

Le même jour, de l'autre côté de la frontière… Dès le mercredi soir, affolement général des médias avec annonce de grandes tempêtes de neige pour le lendemain jeudi et alerte rouge de minuit à minuit. Au réveil, rien, pas un flocon. Mon mari et moi nous sommes bien amusés de leur côté pessimiste et angoissé... Quelques heures plus tard, les 20 cm annoncés étaient bel et bien tombés. On a alors plaisanté : "Même pour les prévisions météo, ils sont en avance !" Au journal télévisé du soir, alors qu'un journaliste interrogeait un représentant du Land de la Basse-Saxe (où les écoles avaient été fermées en prévision), voilà ce que l'on put entendre :

le journaliste Est-ce que vous ne pensez pas que c'était un peu prématuré de tout fermer alors que ce matin, il n'avait pas encore neigé ?

le représentant de Basse- Saxe Non, ils avaient annoncé beaucoup de neige, donc par précaution, c'était notre devoir de fermer toutes les écoles pour ne pas exposer les parents et les enfants à des risques inutiles.

le journaliste, plus jeune, insiste cependant. Mais vous auriez pu adapter en fonction des chutes de neige et fermer certaines écoles tout en en laissant d'autres ouvertes ?

le représentant persiste. Si les météorologues avaient fait une distinction, nous en aurions faite également, mais ce n'était pas le cas donc non.

Cette histoire illustre bien une différence monumentale entre nos deux cultures : en France, on prendra de telles prévisions par ailleurs pas très précises "à la légère" et on ne changera pas pour autant nos habitudes, l'individu étant au centre des priorités ; en Allemagne, on les prendra au pied de la lettre et on en tirera tout de suite les conséquences nécessaires, quitte à en faire trop et à manquer de discernement (ou de flexibilité). Les uns pêchent par trop de prévoyance les autres par trop de nonchalance... Ce que je ne dis pas c'est que les quelques personnes (et pas des milliers) qui s'étaient retrouvées bloquées sur les autoroutes allemandes avaient, dans leur voiture, une couverture et un thermos plein...

Le chien

Je ne pense pas arriver à écrire plus d'une page sur ce sujet mais je tenais malgré tout à l'aborder.

Contrairement à ce que l'on pourrait penser en habitant en Allemagne - où je ne cesse d'en voir que ce soit dans les parcs ou en centre-ville - peu d'Allemands possèdent un chien. D'après les statistiques de 2009 du *Laut Industrieverband Heimtiere*, seuls 13,3% des foyers possèdent des chiens et 16,5% des chats. Si l'on regarde les chiffres en France, d'après la dernière enquête Facco/SOFRES de 2008, 25% des foyers possèdent un chien contre 27% un chat. Ils sont au nombre de 8 Millions soit finalement 2 Millions de moins qu'en Allemagne mais répartis de façon différente. En France, ce sont majoritairement les agriculteurs qui possèdent un chien (78%), suivis des commerçants, artisans et chefs d'entreprise (67%). D'après cette même enquête, plus de la moitié des chiens vivent à la campagne ou dans des agglomérations de moins de 20 000 habitants ; seuls 9% vivent dans l'agglomération parisienne. Il est donc proportionnellement plus rare en France de voir des chiens en ville. C'est justement cela qui m'interpelle depuis que je vis en Allemagne car j'en vois beaucoup plus.

Enfant, mes parents ont toujours eu un chien. Nous habitions à la campagne et le chien était donc laissé dehors en toute liberté, sans avoir à apprendre les codes de vie en société. Ma plus grande joie était de le voir gambader dans le jardin, aboyer derrière les oiseaux et se rouler par terre. Quelle frustration j'aurais ressentie de l'obliger à abandonner ces plaisirs pour se plier aux règles de notre société. Et c'est ce à quoi j'assiste ici.

Les chiens allemands sont en effet impeccablement bien dressés : que ce soit dans un restaurant, où ils attendent patiemment sous la table sans avoir le droit d'aboyer à l'approche d'un autre chien ou même de bouger la queue, ou dans un parc, où ils doivent répondre immédiatement à l'ordre formulé par le maître, le chien semble devoir entière obéissance à son maître. Pour en arriver là, ils sont le plus souvent passés dans une école de dressage. Les Allemands semblent fiers de pouvoir montrer, dès que l'occasion s'en présente, tout ce que leur animal de compagnie est capable de faire. Celui-ci doit leur obéir au doigt et à l'œil et je trouve cela rassurant car quand nous croisons le chemin d'un chien, même si ma fille aînée ressent une peur démesurée face à ces animaux, je nous sens en sécurité. Il est arrivé plusieurs fois que nous fassions du vélo dans un endroit de la forêt où les chiens ont le droit d'être en liberté. A notre approche, le maître les appelle ou leur fait un geste de la main et le chien s'exécute : il vient se blottir contre lui et attend que nous soyons passés pour se remettre à courir.

En revanche, cela me brise le cœur de voir que leur instinct animal, comme peut l'être le fait d'aboyer ou de remuer la queue, peut être parfois brimé. Il nous est souvent arrivé de déjeuner dans un restaurant à côté d'un couple possédant un chien. Celui-ci se retrouve sous la table avec l'interdiction d'émettre un quelconque bruit ou mouvement. C'est cependant inévitable si l'on veut que tout le monde cohabite.

Je tiens à souligner ici un paradoxe entre les attentes que les Allemands ont vis-à-vis de leur chien et celles qu'ils ont vis-à-vis de leurs enfants. Je n'ai entendu que très rarement des parents demander à leurs enfants de parler moins fort ou de faire attention à ne pas pousser les personnes à côté d'eux mais c'est à plusieurs reprises que j'ai entendu la propriétaire d'un chien lui demander de se taire ou de ne pas bouger.

Il est intéressant de regarder qui, en Allemagne, possède un chien. Contrairement à la France[7], ce sont en général des familles aisées ou avec une position sociale bien assise : deux cinquièmes des propriétaires de chiens en Allemagne ont un salaire net de minimum 2500EUR ; les deux tiers sont propriétaires d'un bien immobilier et quatre cinquième ont un jardin. Ce sont aussi des personnes âgées entre 40 et 60 ans et avec une vie sociale dynamique. Le chien se doit donc de bien présenter. Il est important de souligner qu'il existe en Allemagne un impôt sur les chiens : celui-ci varie suivant les *Länder* et atteint en moyenne 100EUR par an par chien, le deuxième chien peut coûter jusqu'à 200EUR supplémentaires et ainsi de suite. Même si d'après cette enquête allemande, 97% des personnes interrogées se disent aimer les chiens, la société n'en encourage apparemment pas la possession.

---

[7] Enquête FACCO/SOFRES 2008

Second Hand

Quelques mois avant la naissance de ma première fille, comme toute maman bien organisée, j'ai commencé à arpenter les rues de Brême à la recherche de magasins pour enfants. Ma sœur m'avait gentiment légué quelques affaires pour tenir les premiers mois mais je tenais également à offrir à mon premier bébé quelques vêtements neufs et pas encore portés. Brême est une ville assez étendue mais qui n'a en réalité que deux centres villes proche l'un de l'autre. J'ai eu beau les parcourir de long en large, je ne trouvai aucune boutique spécifique pour les enfants en dehors des chaînes comme *H&M* ou *C&A*. Il y avait également *Karstadt*, la grande surface allemande présente dans de nombreuses villes, mais pas de magasins dans l'esprit de *Sergent Major* ou *Du pareil au même*. Quelques semaines plus tard, une amie de Brême à qui j'en parlai me rassura et me donna quelques adresses de magasins. Quelle ne fut pas ma surprise quand je m'y rendis de voir qu'il s'agissait en fait de magasins de deuxième main, des *Second Hand Läden*. Malgré mes doutes, elle me confirma ne pas s'être trompée et ne pas comprendre pourquoi je voulais absolument dépenser plus d'argent dans des magasins de «première main» pour des affaires qui, de toute façon, n'allaient être portées que quelques semaines. La première année, j'avoue n'avoir acheté en Allemagne aucun vêtement mais à chaque retour en France, je fonçais dans les boutiques et me livrais à une véritable orgie ! Même sans forcément acheter, j'adorais flâner dans les rayons et regarder le choix de vêtements colorés et originaux. Car des deux seuls magasins de vêtements neufs pour enfants trouvés à Brême, aucun ne correspondait au style que je recherchais. La gamme de couleurs était assez restreinte, allant du gris au noir en passant par le bleu marine, et la coupe des robes ou chemises assez sévère.

La deuxième année, comme il m'était de plus en plus difficile de faire rentrer dans les valises toute la garde-robe achetée en France, je me résignai à passer la porte de ces fameux *second hand*. Que de préjugés infondés j'avais eus ! Je me retrouvai dans des magasins proposant un grand choix de vêtements impeccables, colorés et à des prix imbattables ! Les robes ou les manteaux semblaient ne jamais avoir été portés ; les pantalons, les bodys, les collants et les chaussettes semblaient neufs ; c'était une grande découverte. Je pris l'habitude d'y aller régulièrement et y achetai non seulement des vêtements et des chaussures mais aussi des jouets et des livres. Comme tout y était très abordable, je n'hésitais pas à revenir souvent et je m'apercevais que cela avait fait disparaître en moi l'angoisse de la tâche. J'étais ainsi beaucoup plus décontractée avec ma fille et ne me mettais plus dans tous mes états si par malheur elle avait écrit sur sa robe ou troué un pantalon. Une nouvelle fois, je devais reconnaître que les Allemands avaient raison et qu'ils étaient très ingénieux : le budget des familles n'était pas plombé par l'achat de vêtements, d'une durée éphémère et à des prix inutilement élevés et ils avaient cependant la sensation d'acheter pour leurs enfants des produits de qualité. Jusqu'à ce que mes filles aient eu 5 ans, je me suis livrée à un savant mélange : je continuais à m'approvisionner en France où les couleurs et le design me séduisaient et à acheter la « base » dans ces magasins. Aujourd'hui et depuis que nous habitons à Hambourg, c'est différent. Même si proportionnellement au nombre d'habitants, il y a peut-être moins de magasins de vêtements pour enfants ici que dans les villes en France, j'en trouve plus qu'à Brême. La ligne des vêtements ne correspond pas encore toujours à ce que je recherche mais le choix est définitivement plus large. Je remarque cependant une différence très nette, quand je rentre en France : les enfants, et surtout les petites filles, arborent des vêtements élégants, d'une coupe originale et dont les couleurs sont vives, avec à leurs pieds des petites chaussures de ville. Je me suis souvent demandé pourquoi cela m'attirait autant l'œil. Après réflexion, je ne pense pas que les parents allemands accordent moins d'importance à l'apparence de leur enfant qu'en France mais qu'ils ont tout simplement un autre style et d'autres priorités. Ils privilégient peut-être plus des vêtements et des chaussures confortables, qui vont permettre à leurs enfants de bouger et courir là où les Français porteront quelque chose de plus élégant mais de moins pratique. Personnellement, j'ai trouvé mon équilibre en équipant mes filles des vêtements pratiques et de tous les jours achetés en Allemagne et d'une garde-robe plus raffinée en France mais c'est une chance que de pouvoir le faire. Il y a quelques années, une amie française qui ne semblait pourtant pas souffrir de cette carence en magasins pour enfants, m'a annoncé avec une joie immense l'ouverture en Allemagne de la chaîne de magasins Vert Baudet... Ce fut l'euphorie dans mon entourage francophone... J'ai ainsi pris conscience que nous étions toutes concernées par le même problème même si nous semblions nous être plus ou moins adaptées au modèle allemand...

Joyeux Noël et bonne année

« L'Allemagne est un pays qui a su conserver ses traditions » me disait récemment une dame suisse installée en Allemagne depuis plus de 20 ans. Pour le vérifier, il suffit de venir au mois de Décembre : quelle maison, quel appartement, quelle fenêtre n'affiche pas ses décorations de Noël, toutes plus lumineuses les unes que les autres ? C'est véritablement une coutume adoptée et suivie par une grande majorité d'Allemands et au plus grand bonheur des touristes. Des rangées de bougies électriques ornent les fenêtres, les guirlandes sont accrochées aux arbres, des couronnes de l'Avent faites maison décorent les portes d'entrée : une vraie réjouissance. C'est sans compter les multiples marchés de Noël divers et variés qui arborent des produits artisanaux, beaucoup à base de bois, mais aussi des spécialités culinaires comme les *Schmalzkuchen,* petits beignets saupoudrés de sucre glace, les *Kartoffelpuffer,* galettes de pommes de terre frites servies avec une compote de pomme, ou encore ces grillades au feu de bois de côtes de porc servies avec de la salade choux. On peut également y voir de nombreux stands tenus par des hommes et femmes portant des vêtements du moyen âge et présentant le travail du forgeron ou de l'orfèvre, le tout en dégustant un vin chaud. Il ne faut seulement pas oublier un détail important : le 23 au soir, tout s'arrête ! Je garde un souvenir amer du premier 24 décembre passé à Brême où nous nous sommes rendus au marché de Noël, impatients de le faire découvrir à notre famille. Nous nous sommes retrouvés devant une place vide, propre, sinistre.

Le 24 est en revanche le jour du sapin : c'est en effet ce jour-là et ce jour-là uniquement que les familles allemandes décorent le sapin. Il peut parfois déjà figurer dans le salon depuis le début du mois de décembre mais la décoration ne commence que le 24. C'est une habitude à laquelle je ne me suis pas encore faite et que nous n'avons pas adoptée. Je trouve qu'il est tellement agréable de pouvoir en profiter des semaines durant avant le jour J que nous continuons de fonctionner à la française. En revanche, ce que nous avons découvert ici et qui nous a immédiatement séduit est la coutume d'aller dans des *Baumschule*, sorte de pépinières, pour y choisir et couper soi-même son sapin. C'est souvent l'occasion de le faire avec des amis et de partager un pique-nique. Quelle joie et quel symbole pour les enfants !

Le 31 décembre est peut-être le jour que j'ai le plus maudit les premières années quand nos filles étaient petites. Dès 22h, quelques pétards se font entendre et à minuit et pendant des heures, c'est une véritable fanfare en tout genre et en tout lieu qui vous abrutissent les oreilles. Chacun y va de son lot, acheté en vente libre dans n'importe quel magasin, et que ce soit votre boîte aux lettres, votre jardin : tout est rougi de poudre ! Maintenant que nos filles peuvent « tenir » jusqu'à minuit et participer, j'avoue que ce rituel m'amuse. Nous avons même été déçus l'année dernière quand nous nous sommes retrouvés en France pour le nouvel an. Nous avions imaginé pouvoir y acheter les mêmes pétards qu'ici mais nous sommes rentrés bredouille d'une tournée de plusieurs grandes surfaces. Le choix était très limité et c'est plus tard que nous avons appris que les modèles vendus en Allemagne étaient interdits en France suite aux nombreux accidents ayant causé parfois la mort des utilisateurs.

Alors qu'il n'est pas bien vu de souhaiter la bonne année avant le 1er Janvier en France, les Allemands, eux, ont une expression fort attachante qu'ils utilisent les quelques jours avant le passage à la nouvelle année. Il s'agit de *Guten Rutsch*, littéralement *bonne glissade*. Je trouve cette image très amusante et symboliquement intéressante.

Ces fêtes nous enrichissent beaucoup chaque année en tant qu'étrangers et nous sommes heureux de pouvoir vivre de façon aussi riche la période de l'avent et assister à cette explosion de bruits le dernier jour de l'année. Nous ne pouvons que le conseiller !

Les acquis sociaux

Je vais aborder ici des thèmes délicats car étroitement liés au monde politique. Je m'efforcerai donc de ne les traiter que du point de vue sociologique qui est celui qui m'intéresse le plus et que je m'efforce de suivre tout au long de cet ouvrage.

Nous jouissons en France d'un certain nombre d'acquis sociaux auxquels il est très difficile, voire impossible si l'on observe certaines tentatives politiques, de toucher. Je pense tout particulièrement au régime de sécurité sociale et au droit de grève. En France, les citoyens payent des cotisations pour leur sécurité sociale, cotisations prélevées sur leur salaire et dont le montant varie en fonction des revenus perçus. Ils peuvent, s'ils le souhaitent, bénéficier également d'une assurance complémentaire et cotiser un certain montant supplémentaire par mois auprès de l'organisme choisi. Les assurés possèdent une carte Vitale, nominative et privée, qu'ils doivent présenter à chaque professionnel de santé. Elle simplifie les démarches et évite aux assurés d'avoir à envoyer les feuilles de soins. Elle permet ainsi un remboursement plus rapide. Même si les revenus définissent le montant des cotisations, les assurés français jouissent tous des mêmes avantages.

En Allemagne, les salariés peuvent choisir une caisse de santé publique ou une caisse de santé privée mais ce choix n'est pas tout à fait libre dans la mesure où il dépend du revenu brut annuel perçu :

- avec un revenu brut annuel inférieur à 49 950EUR, le salarié est dans l'obligation de choisir une caisse de santé publique. Il s'agit d'une *Pflichtmitgliedschaft*.

- avec un revenu brut annuel supérieur à 49 950EUR de façon continue au long des trois dernières années, le salarié doit alors opter pour une couverture santé privée.

- les non salariés, indépendants et professions libérales, ont le choix entre le système public et le système privé.

Je tiens à souligner, sans entrer dans les détails, qu'il existe des différences de couverture et de prestation entre une caisse publique et une caisse privée. Au cours de la première grossesse, j'ai été assurée privée alors que j'étais assurée public pour la deuxième. Assurée privée, j'obtenais des rendez-vous avec mon gynécologue beaucoup plus vite ; j'ai bénéficié, tous les jours, de la visite du chef de service de l'hôpital alors que rien, dans mon état ou celui de mon bébé, ne le justifiait. Je me souviens cependant avec émotion de la facture reçue ensuite… Je pouvais également bénéficier d'une chambre à un lit et ne pas avoir à partager ma chambre avec une autre mère.

Il n'est pas question de dire que l'on est mieux soigné en étant assuré privé mais il est vrai que l'on sent, de la part des professionnels de santé, une certaine considération quand le patient est assuré privé. Cela s'explique entre autre par le fait qu'avec un patient privé, le professionnel de la santé est autorisé à facturer plus.

Pour effectuer le choix de la caisse de santé, il faut s'armer de patience. J'ai encore des souvenirs émus de ces longues soirées passées à feuilleter dans tous les sens ce classeur vert, prêté par un collègue de mon mari, et qui regroupait l'ensemble des caisses de santé. Sur plusieurs colonnes, étaient listées en caractères minuscules les prestations, couvertures et services de chacune des caisses. Nous devions donc essayer de les comparer en se posant des questions assez étonnantes comme : "Allons-nous être malades souvent dans les prochaines années ?" ou "Allons-nous rapidement avoir besoin de soins dentaires ou de visites chez l'ophtalmologue ?" Ensuite, comme les tarifs des compagnies d'assurance privée évoluent chaque année, il nous fallait nous renseigner sur la stabilité financière des compagnies. Bref, pas très simple...

En plus de cette "injustice" sociale, vient s'ajouter une lourdeur financière considérable. En effet, quand le salarié choisit d'être affilié à une caisse de sécurité privée, en plus des cotisations mensuelles à régler (équivalent comme en France à environ 2,25% du salaire brut), il peut également choisir d'avancer tous les frais de santé dans le but de voir ses cotisations, année après année, diminuer. Dans notre cas, la réduction de cotisations obtenues l'année dernière a été de 8% mais la somme des frais avancés s'élevaient à plus de 1500EUR. Nous pourrions sinon demander le remboursement systématique des frais et nos cotisations n'évolueraient donc pas.

Il faut savoir que ce choix est limité dans le temps car la décision de sortir du système de couverture publique pour s'assurer dans le privé est irréversible. Cela peut notamment poser problème lorsque la famille s'agrandit et que les charges d'assurance augmentent, ce qui fut notre cas. A la création de mon *Spielkreis*, ayant le statut de libéral, j'ai dû changer de caisse de maladie et me suis assurée dans le public. Mais nos enfants n'ont pas pu bénéficier de cette couverture publique (moins onéreuse) car un membre de la famille, mon mari, était assuré privé. Nous avons donc été obligés de les y affilier et d'en payer la cotisation correspondante. Les enfants ne sont pas, comme en France, assurés avec l'un des parents mais font l'objet d'un contrat à part. Aujourd'hui, la cotisation par enfant s'élève à 30% de la nôtre... Jusqu'à leurs 18 ans, ils n'ont d'autre choix que d'être assurés privé... aux frais de leurs parents ! Pour information, la somme que nous consacrons tous les mois à la couverture santé de l'ensemble de la famille représente plus de 12% de nos revenus nets mensuels...

Éloignons-nous maintenant de la sécurité sociale et abordons un thème plus vaste : celui de la pratique de la médecine en Allemagne. L'un des plus grands chocs auquel j'ai dû faire face deux ans après être arrivée en Allemagne a été de réaliser que malade, personne ne viendrait à domicile m'ausculter. C'était donc à moi de me déplacer. La première fois, au petit matin, j'ai été prise d'une forte fièvre et de courbatures handicapantes au point de ne pas arriver à me lever. Comme nous n'avions pas encore de médecin traitant, mon mari a tout de suite cherché sur internet des médecins dans le quartier qui pourraient se déplacer jusque chez nous. Au téléphone, les secrétaires lui posaient toutes la même question : "Quel âge a la personne ?" A sa réponse, elles ne laissaient aucune chance ni aucun espoir que ce jour-là, le médecin fasse exception à la règle. Si j'avais été très âgée et incapable littéralement de me déplacer, alors, elles auraient pu avertir le médecin mais dans mon cas, sans en exprimer de regret quelconque, je n'avais d'autre solution que de me lever, de m'habiller et d'affronter les -5°C pour me rendre au cabinet.

Cela m'est arrivé une deuxième fois mais je me trouvais seule à la maison. J'ai dû mettre mon amour propre de côté et demander l'aide à une amie qui très gentiment, après être venue récupérer mes enfants pour les amener à l'école, est repassée me prendre pour me conduire chez le docteur.

Le pire a été quand notre fille, alors âgée de 4 ans, s'est réveillée à 22h un soir de Janvier avec 40,5°C de fièvre. Il était hors de question qu'on la bouge ni qu'on la sorte en pleine nuit. Nous avons rapidement cherché sur internet le numéro de téléphone d'une centrale qui nous a mis en relation avec un médecin d'urgence. Celui-ci, alors même qu'il entendait la voix paniqué de mon mari qui tentait, aussi précisément que possible, de lui décrire la situation, a passé au bas mot cinq longues minutes à lui poser des questions pour vérifier s'il devait véritablement se déplacer. Il nous annonce finalement qu'il va se rendre chez nous dans les deux heures qui suivent mais nous prie de ne rien donner à notre fille jusqu'à son arrivée. Nous l'avons attendu plus d'une heure et demie et l'avons rappelé à deux reprises pour lui demander si nous ne n'avions effectivement pas le droit de donner quoique ce soit à notre fille pour la soulager et faire baisser la fièvre. Quand il arriva à presque minuit, devant l'état de santé de notre fille, il nous ordonna de nous rendre au plus vite à l'hôpital. Comme souvent dans des moments difficiles, quelque chose de bien peut parfois arriver. Nous n'avions d'autre option que celle de frapper à la porte de nos voisins pour leur demander de bien vouloir garder notre deuxième fille, alors âgée de quelques mois. Et là, grand moment de chaleur humaine : alors qu'ils semblaient occupés, ils nous ont tout de suite suivis en nous répétant «que c'était normal, qu'ils étaient là pour ça»... Nous ne les avions salués que quelques fois auparavant et avons été très touchés par leur générosité spontanée. Cette mésaventure a marqué le début d'une amitié entre nous. Sur le moment, je ne vous cacherai pas notre grande colère (d'autant que la facture de ce médecin fut là-aussi très élevée !) mais nous devons avouer que c'est certainement l'une des meilleures façons de lutter contre les dépenses excessives de la sécurité sociale. Vous ne pouvez plus abuser des visites à domicile étant donné qu'elles n'existent pas et réfléchissez à deux fois avant de vous rendre chez le docteur : ne puis-je vraiment pas faire autrement ? C'est après en avoir discuté avec mon ancien médecin de famille en France et après avoir fait quelques recherches sur le sujet, que j'ai pu ainsi relativiser. La tendance en France est effectivement de sensibiliser le patient à des dépenses qui pourraient s'avérer injustifiées. Ainsi, c'est lui qui estime la capacité du patient à se déplacer, soit sur des critères médicaux, soit sur des critères sociaux. Lorsque son déplacement n'est pas justifié, il a alors la possibilité de facturer un supplément d'honoraires dont le montant reste à la charge de son patient. Cela rejoint finalement ce qui se pratique en Allemagne sauf que d'un côté du Rhin, le choix est donné. Le paradoxe est que, contrairement à la France, les médicaments, eux, peuvent vous être apportés à domicile, gratuitement, et quel que soit votre âge ! C'est utile au cas où, ayant épuisé l'énergie qui vous restait pour vous rendre chez votre médecin, vous n'en ayez plus du tout pour aller à la pharmacie acheter vos médicaments…

Ceci dit, il est tellement rare d'avoir à passer par la pharmacie après la consultation qu'ils peuvent donc se permettre d'offrir ce service. Car la prescription de médicaments ne se fait pas dans les mêmes conditions de part et d'autre du Rhin. J'avoue n'avoir réalisé l'ampleur de cette différence qu'après en avoir parlé avec d'autres femmes, mères d'enfants en France. N'ayant eu avec mes enfants aucune expérience sur le sujet en France, j'en avais presque oublié que cela pouvait être différent. Nos filles n'ont pas été très souvent malades à l'exception, comme beaucoup, de grippes, d'angines, de la scarlatine, de fortes fièvres ou de diarrhées. Je crois me rappeler d'ailleurs que seule notre fille aînée n'a pris qu'une seule fois des antibiotiques.

La plupart du temps la consultation se passe ainsi : le docteur questionne la maman sur les symptômes et leur début dans le temps, puis s'adresse à l'enfant et procède à l'auscultation. Malgré une fièvre élevée, le verdict est souvent le suivant : attendez trois jours et revenez ou rappelez-moi si la fièvre n'a pas baissé. C'est certes très angoissant les premières fois car nous avons tous comme objectif premier celui de soulager nos enfants et abréger au plus vite ses souffrances. Cela l'est d'autant plus que ma famille ne cessait de me dire que c'était de la pure folie ou que nous devions consulter un autre médecin. Mais j'avoue avoir été éblouie devant la précision des prédictions du médecin et n'avoir jamais eu à le rappeler. Une fois, alors que ma fille n'avait que quelques mois, je me suis rendue chez son pédiatre, deux jours après la première consultation car son état ne s'améliorait pas. Il m'a reçu avec courtoisie, m'a écoutée, a regardé ma fille puis m'a dit, posément :

«Il me semble vous avoir dit d'attendre trois jours, n'est-ce pas, alors appelez-moi demain s'il vous plaît.»

J'en étais presque honteuse mais j'en suis aujourd'hui tellement reconnaissante. C'est peut-être allé trop vite en besogne que de faire le lien de cause à effet (peu d'antibiotiques => défenses immunitaires plus résistantes => moins de maladies) mais je dois reconnaître qu'elles s'en sont toujours sorties seules et n'ont pratiquement jamais pris d'antibiotiques.

Quand j'en parle à certaines mamans françaises résidant en Allemagne, elles ne partagent pas toujours mon avis : elles qualifient au contraire les médecins allemands de passifs. L'une d'entre elle me parlait de son fils aîné (8 ans) qui est sujet, ces dernières semaines, à des otites séreuses chroniques. Quand elle le fait ausculter par un médecin allemand, celui-ci les renvoie à la maison en leur demandant de mettre du spray dans le nez, de beaucoup boire et de ne pas s'inquiéter si l'enfant n'entend plus même si cela peut durer jusqu'à 6 semaines. Quand un médecin l'ausculte en France, on lui donne immédiatement des antibiotiques et on lui parle d'opération (opération qu'il a d'ailleurs finalement subie en France). Nous avons également été confrontés à ce type de symptôme avec notre deuxième fille. Elle s'est réveillée un samedi matin entièrement sourde. Elle regardait mes lèvres pour essayer de comprendre ce que je lui disais, me parlait avec des gestes et ne réagissais absolument pas devant la télévision dont le volume montait à plus de 50 sur une échelle de 60 ! Nous l'avons immédiatement amenée à l'hôpital et à l'annonce du diagnostic, ce fut le scandale ! Notre fille n'entendait plus rien mais rien ne laissait croire qu'elle était malade ou qu'elle couvait quelque chose. Il nous demandait donc de rentrer bien gentiment à la maison, de lui mettre du spray trois fois par jour dans le nez, de la faire boire et de contacter un ORL la semaine suivante pour qu'elle puisse faire un suivi. Sa surdité pouvait durer jusqu'à six semaines. J'ai eu beau demander l'avis au mari d'une amie, chef de service d'ORL de l'hôpital, le verdict n'a en rien été changé... Ce n'est que le surlendemain, quand elle a eu 40°C de fièvre qu'ils m'ont alors proposé de la mettre sous antibiotiques mais seulement si je le souhaitais...

Passivité ou au contraire sagesse de discernement, difficile à dire... Il est certain en revanche qu'en Allemagne, la tendance est de convaincre les parents de laisser la Nature agir seule dans un premier temps avant d'avoir recours à des médicaments. Je ne peux que confirmer l'efficacité sur mes filles de telles pratiques.

Autre acquis social français : le droit de grève... L'avantage de ce point-là c'est qu'il n'est jamais hors sujet ! A l'heure où j'écris ces lignes, Air France se livre à une grève massive sur l'ensemble de ses vols courts, moyens et longs courriers, grève qui succède à une autre, remontant à quelques mois à peine, et qui sera certainement suivie d'une autre avant la fin de l'année ! Et si ce n'est pas Air France, ce seront les camionneurs ou la SNCF ou les fournisseurs de kérosène...Mais cela fait le charme des Français, du moins chez ses voisins qui voient, dans ces revendications perpétuelles, le fruit d'un esprit jamais satisfait et actif face à ce qu'on veut lui imposer. Ils le voient également comme une chance et ça en est une : avoir cette liberté d'expression et ce moyen de se faire entendre est unique, dans la mesure où c'est fait à bon escient et à des buts constructifs.

Contrairement à la France, où le droit de grève est un droit individuel et constitutionnel, en Allemagne, c'est un droit collectif, réservé uniquement aux syndicats : aucun salarié, aucun comité d'entreprise n'a le droit d'appeler à la grève. En Allemagne, la grève est considérée comme le dernier moyen d'action, quand toutes les voies de la négociation ont échoué et elle est beaucoup plus fortement réglementée qu'en France. Elle n'est autorisée, même à l'initiative des syndicats, que pendant la période de négociation d'une nouvelle convention collective de branche, comme l'illustre le mouvement social des cheminots du mois de juillet 2007 pour une revalorisation de leurs salaires. Elle ne peut entrer en vigueur que si au moins 75 % des salariés syndiqués votent – à bulletin secret – en faveur de la grève, et elle se termine dès que 25 % des salariés concernés votent en faveur de la reprise du travail. Ce droit de grève est en premier lieu toujours interdit aux fonctionnaires. Même lorsque les fonctionnaires de la *Deutsche Bahn* (SNCF allemande) sont passés sous statut privé, le droit de grève a continué de leur être interdit.

En second lieu, la grève n'est légale que si elle porte sur les conditions de travail définies dans les conventions d'entreprise ou de branche. Toute grève « politique » contre des lois votées au Parlement ainsi que toute grève de « solidarité » sont illégales et peuvent être sanctionnées par une mesure de licenciement.

En troisième lieu, l'exercice du droit de grève est enserré dans des procédures extrêmement strictes. La grève ne peut intervenir qu'au moment et dans le cadre de la renégociation des conventions d'entreprise ou de branche entre les organisations syndicales et patronales et après un premier cycle infructueux de négociations. Il ne peut s'agir alors que de grèves d'avertissement, pour des durées très limitées et concernant une partie seulement du personnel. La grève générale ne pourra intervenir qu'ultérieurement, sous réserve que 75 % au moins des syndiqués s'y déclarent favorables par référendum, alors qu'il suffit par comparaison que 25 % des syndiqués acceptent les accords négociés.

Enfin, les statuts des syndicats prévoient généralement que ceux-ci s'engagent à rémunérer leurs syndiqués grévistes sur les fonds de leurs caisses de grève. Cela explique qu'il n'y ait eu qu'à peine plus de 3 jours de grève en Allemagne en moyenne de 2001 à 2006, contre trente fois plus en France, où en 2008 plus de 1,8 million de journées de travail ont été perdues.

Les progrès réalisés en France sur ce front restent bien minces : une procédure d'alerte à la RATP, l'instauration d'un service minimum, le paiement des jours de grève des services publics maintenant exclu. En revanche, les grèves en France continuent d'être largement politiques : les syndicats utilisent le « droit de retrait » (travail dans des conditions dangereuses) dans la fonction publique de façon détournée pour faire grève illégalement sans préavis et la notion de grève n'a même plus de sens lorsqu'elle devient le fait d'étudiants ou de lycéens.

En Allemagne il n'existe plus aujourd'hui que trois syndicats : la DGB (*Deutscher Gewerkschaftsbund*), confédération allemande des syndicats, qui compte un peu moins de 7 millions d'adhérents ; le DBB (*deutsche Beamtenbund*), fédération allemande des fonctionnaires avec 1,2 million d'adhérents et, assez marginalement, le petit syndicat chrétien CGB, né du DGB en 1955, qui se maintient depuis des années avec environ 300 000 membres. Globalement, cela fait moins de 9 millions d'adhérents syndicaux, ce qui correspond à un taux de syndicalisation d'environ 25 %, présentation un peu optimiste vu le nombre de retraités parmi les adhérents.

Si en Allemagne le syndicalisme s'exprime largement par la voix du DGB, en France l'unité syndicale n'est pas à l'ordre du jour. Cinq syndicats y sont considérés comme représentatifs, à savoir la CGT, la FO, la CFDT, la CFTC, et la CFE-CGC, auxquels on peut ajouter trois autres fédérations, UNSA, FSU et SUD, ainsi qu'une série de petits ensembles dont le nombre varie avec le temps. Bien qu'il soit difficile de savoir sur quels chiffres se baser pour évaluer le nombre d'adhérents, les syndicats français étant inégalement transparents à ce sujet, le taux de syndicalisation est habituellement considéré comme étant d'environ 8 %.

L'unité du paysage syndical allemand est confortée par un phénomène inconnu en France, à savoir l'appartenance d'une branche d'activité à un syndicat donné. Ainsi, toutes les entreprises du secteur de la métallurgie, pris dans un sens très vaste, relèvent du syndicat *IG Metall*, une des branches les plus importantes du DGB. Toutes les entreprises automobiles en font partie. Tous les métiers d'une de ces entreprises, de la secrétaire à l'ingénieur et du cuisinier au comptable, relèvent du syndicat *IG Metall*. Cela signifie concrètement que le patronat ne négocie toujours qu'avec un seul partenaire et non pas avec quatre ou cinq comme en France où, facteur aggravant, les multiples élections professionnelles tendent à déstabiliser en permanence les représentations syndicales. En Allemagne, l'unité donne une force de frappe incomparable au cas où le syndicat appellerait à la grève, puisque toute l'activité de l'entreprise s'arrêterait complètement.

Au-delà de l'importance numérique et de la répartition des syndicats par branches, c'est le statut des syndicats qui diffère considérablement de part et d'autre du Rhin. En France, la loi confère aux cinq syndicats représentatifs des prérogatives qui leur donnent du poids à l'extérieur et à l'intérieur de l'entreprise. Ainsi, ils peuvent conclure une convention ou un accord collectif, constituer une section syndicale au sein de l'entreprise et désigner un ou plusieurs délégués syndicaux ainsi qu'établir les listes de candidatures pour le premier tour des élections des délégués du personnel et des membres du comité d'entreprise. En Allemagne, la notion de représentativité, si importante en France, et actuellement sujet de débat, n'existe pas. La capacité à négocier est réservée aux organisations qui satisfont à plusieurs critères établis progressivement par la jurisprudence, comme l'indépendance, l'ancienneté, le respect des principes démocratiques, etc. Toutefois, compte tenu de la reconnaissance mutuelle que s'accordent les principales organisations syndicales et patronales et de la répartition par branches déjà évoquée, la question ne se pose guère.

Contrairement à ce qui se passe en France, le législateur a introduit une séparation très nette entre l'action syndicale à l'extérieur de l'entreprise et celle autorisée à l'intérieur de celle-ci. Les syndicats allemands, comme en France, négocient avec le patronat des accords collectifs de branche, mais à l'intérieur de l'entreprise, ils n'ont plus qu'un statut d'observateur ou de conseiller. Le comité d'entreprise, organe unique et puissant de la représentation salariale, est composé de salariés et non de représentants des syndicats.

En France, ce sont les fonctionnaires qui luttent le plus fréquemment pour une amélioration de leurs conditions de travail alors qu'ils bénéficient de la protection de l'emploi. En Allemagne, ce sont les salariés du secteur privé industriel ainsi que les travailleurs contractuels du service public qui sont les plus combatifs. L'environnement réglementaire mis en place par les gouvernements des deux pays contribue à accroître encore ces différences.

On observe cependant une très légère convergence qu'on peut observer dans le comportement des acteurs sociaux dans ce domaine. En Allemagne, on constate un certain effritement de la subordination des salariés aux positions défendues par les syndicats. Ainsi, il arrive maintenant que des salariés d'une entreprise, au sein ou pas du comité d'entreprise (*Betriebsrat*), se dressent contre la décision de leur syndicat, qu'ils s'agisse de faire grève contre un allongement de la durée du travail – que le syndicat a déconseillé – ou au contraire de l'accepter quand il s'y oppose. Au niveau des entreprises commence à s'installer une certaine confusion, qu'on connaît bien en France, mais qui était peu visible en Allemagne jusqu'à présent. En France, les syndicats voient avec une certaine appréhension le fait que le gouvernement s'apprête à instaurer des conditions ressemblant quelque peu à ce qui existe en Allemagne : une concertation entre partenaires sociaux avant de lancer une grève et l'instauration d'un service minimum, dans les transports par exemple.

Je trouve amusant de retrouver dans l'attitude au quotidien des Français et des Allemands ces différences que l'on observe sur la plate-forme politique. Là où dans la société allemande, la collectivité semble primer, en France, c'est l'individu. On le ressent dans plusieurs domaines : nous sommes allés récemment visiter un club de tennis et dès notre arrivée, nous nous sommes sentis « adoptés », comme appartenant déjà au groupe que l'on sentait uni et fort. De même dans les écoles, comme nous l'avons abordé dans le chapitre sur les systèmes scolaires, tout est mis en place pour que les individus se sentent le plus rapidement possible intégrés au groupe. Grâce à ce principe, je crois avoir compris une situation à laquelle j'ai été confrontée à Brême et qui m'avait beaucoup surprise. Alors que notre fille aînée était en CP, nous avions entrepris des travaux dans notre maison en France et devions nous rendre fréquemment sur le chantier. Cela correspondait le plus souvent à ses vacances scolaires mais une fois, nous avons dû lui faire manquer deux jours d'école. Quelle n'avait pas été ma surprise d'entendre la maîtresse m'expliquer les démarches : il nous fallait adresser une lettre à la proviseur, demander un entretien avec elle pour lui expliquer les raisons qui nous obligeaient à agir ainsi et attendre la réponse de la mairie, à qui elle transmettait notre demande... Je vous avoue être sortie de l'entretien honteuse, avec le sentiment d'être une mère irresponsable mais également choquée par tant d'autorité. Ce n'est qu'une fois à Hambourg, dans le système français, que j'eus une révélation : alors que mes enfants étaient confrontés à chaque veille de ponts ou retour de vacances à une liste d'absents assez importante, je compris à quel point nos principes divergeaient d'un pays à l'autre. Là où je voyais autorité et entrave à la liberté individuelle, il n'y avait que respect du groupe et équité ; là où je pourrais voir maintenant une certaine négligence des parents et de l'école, il y a avant tout respect de la liberté.

Cela transparaît également dans d'autres circonstances. J'apprécie au quotidien leur grand sens civique ou d'équité vis-à-vis de la collectivité : dans des zones de travaux, où la circulation est alternée, ils n'ont besoin d'aucun feu rouge. Une voiture passe dans un sens puis une autre dans l'autre et le ballet continue sans chef d'orchestre, chacun cédant la priorité à l'autre de façon juste. Les mauvaises langues mettront cela sur leur grande capacité à appliquer les règles mais j'y vois personnellement un soucis de justesse et une absence totale d'individualisme.

Dans des situations de frustration, vécues à l'identique en France et en Allemagne, j'ai observé les choses suivantes. En France, je vois les personnes monter rapidement aux créneaux, s'enflammer avec un esprit revendicateur, agressif ou violent et tout est tellement parti vite et haut, que la fin n'est pas toujours très belle. En Allemagne, ils s'expriment également avec une grande franchise, en utilisant même des propos durs mais en écoutant l'autre ce qui leur permet parfois, pas toujours, de finir par trouver un compromis. J'ai un exemple concret en tête : un soir, alors que nous nagions dans une piscine olympique mon mari et moi apercevons un homme d'une soixantaine d'années, visiblement énervé, frapper avec violence au carreau de la cabine du maître-nageur. Celui-ci sort et reçoit une avalanche de reproches : comment se fait-il qu'il n'ait pas encore branché le jet d'eau ? Le maître-nageur tente de répondre mais le monsieur n'en a pas fini d'avancer de nombreux arguments. Il le laisse terminer puis lui explique pourquoi il ne l'avait pas fait. Là, s'engage une discussion animée entre ces deux personnes dans un premier temps puis avec un deuxième maître-nageur alerté par les échanges de voix. Alors que nous étions sûrs d'être aux premières loges pour assister à un échange physique musclé, quelle ne fut pas notre surprise de les voir, après quelques minutes de pourparlers, terminer dans les bras l'un de l'autre…

De même dans un magasin, un matin à 8h10, un client, qui ne voulait apparemment pas attendre derrière une cliente et moi-même que la caissière se mette en place, l'interpelle avec agressivité et lui dit :

«Vous pensez que vous allez arriver à vous installer avant ce soir ?

La dame devant moi se retourne et lui demande de se calmer car elle ne voudrait pas commencer la journée dans un tel stress. La caissière, elle, ne se démonte pas et lui répond : «Mais même si je ne suis pas à la caisse, je travaille. Il faut juste que vous arriviez à attendre une minute et vous allez passer.» A cela, le client répond ne pas être du tout d'accord et lui exige d'accélérer la cadence. Une joute verbale de quelques secondes a alors lieu et chacun a pu exprimer sa colère et sa frustration. Cela s'est terminé par :

«Je vous souhaite une agréable journée et à la prochaine fois !»

-Bonne journée à vous aussi !»

La situation qui ne cesse de m'émerveiller est celle où je suis témoin d'une collision entre deux voitures. Les chauffeurs ouvrent leur portière, engagent la conversation et attendent patiemment l'arrivée des gendarmes pour établir un constat. Je n'ai encore jamais vu d'agressivité. Je ne sais pas si l'on peut rapprocher ce genre d'attitude de la façon dont le droit de grève est géré en Allemagne mais j'ai malgré tout l'impression que les Allemands ne manquent pas une occasion pour s'exprimer tout en ne refusant pas d'entendre le point de vue de son «adversaire» et d'en arriver à une situation de compromis, convenant à peu près aux deux parties. Je crois surtout qu'il y a un sens citoyen beaucoup plus fort en Allemagne qu'en France et que devant toute nouvelle décision ou proposition, l'Allemand va réfléchir dans un sens global : il va essayer de comprendre si, pour le bien du pays ou de son entreprise ou de sa famille, cela peut être un facteur d'amélioration et si oui, même si de son point de vue purement personnel, cela ne correspond pas à ce qu'il aurait préféré, il acceptera cette proposition et le changement que cela occasionnera.

Pour terminer le chapitre sur les acquis sociaux, j'aimerais aborder rapidement la question de la retraite. Nous savons comment la réforme de la retraite en France, alors qu'il ne s'agissait que de rajouter deux ans à l'âge déjà légal (de 60 ans, nous passerions à 62 ans) a été reçue et la situation chaotique qu'a provoqué le retour à l'âge légal de 60 ans.

En Allemagne, la loi sur le relèvement de l'âge de la retraite à 67 ans a été adoptée en 2007 à une large majorité par les députés du *Bundestag* (Chambre basse du parlement allemand). Pour entrer définitivement en vigueur, la loi doit encore être votée par le *Bundesrat* (chambre haute) où la CDU, très favorable au projet, est majoritaire. Ce projet avait été adopté par le gouvernement alors que l'Allemagne est confrontée à un vieillissement dramatique de la population couplé à une natalité en berne, qui met en péril l'actuel système de financement des retraites.

A partir du 1er janvier 2012, le seuil pour toucher une retraite à taux plein sera relevé graduellement de 65 ans aujourd'hui pour atteindre 67 ans en 2029. Cette nouvelle loi est très critiquée par les syndicats qui ont mobilisé en janvier 2007 plusieurs dizaines de milliers de personnes, sans réussir à faire plier le gouvernement d'Angela Merkel. Ils rétorquent qu'il est du devoir de l'État-providence de protéger les travailleurs des risques de chômage, de handicap ou de maladie, ou tout du moins d'amortir ces risques, notamment en permettant aux travailleurs de prendre une retraite anticipée.

Les natifs de 1947 seront les premiers à subir les effets de la loi votée lors du premier mandat d'Angela Merkel : pour eux, l'âge officiel de la retraite sera de 65 ans et un mois, au lieu de 65 ans pour leurs aînés. A coup d'allongements d'un puis de deux mois par an, l'âge d'entrée en retraite sera ainsi porté à 67 ans d'ici à 2029. Selon Eurostat, l'Allemagne est le pays européen qui compte le plus d'habitants de plus de 65 ans (20,6%). Or, à l'heure actuelle, la grande majorité des actifs ne travaille pas jusqu'aux 65 ans requis : c'est à 63 ans et demi en moyenne que les Allemands décrochent. Il est en effet possible de partir en retraite à partir de 63 ans, après avoir cotisé pendant 35 ans, mais au prix d'une décote. En 2010, 57,7% des 55-64 ans travaillaient encore, contre 39% seulement sept ans plus tôt. L'Allemagne affiche un taux supérieur à la moyenne des pays de l'OCDE (54%) et bien supérieur à la France par exemple (39,7%). Chez les 60-64 ans, 40,5% sont encore actifs. Mais seulement un peu plus d'un quart ont un emploi soumis à cotisations sociales, c'est-à-dire un vrai travail qui ne soit ni un petit boulot, ni une activité d'appoint. Le parti social-démocrate (SPD), plus grande force d'opposition et l'un des artisans de la réforme de 2007, réclame que sa mise en œuvre soit différée tant que la proportion de seniors ayant un emploi répondant à ce critère est inférieure à 50%. Mais pour le gouvernement, il n'est pas question de revenir sur l'allongement de la vie active.

Épilogue

Ainsi s'achève cet humble récit d'aventures qui, je l'espère, vous aura intéressé. Vous avez pu y découvrir plusieurs visages de l'Allemagne, certains parfois méconnus en France, d'autres confirmant certains clichés que nous avons tous eus à un moment donné de notre vie sur ce pays. Il n'en reste pas moins un pays moins attractif qu'un autre, bien au contraire, mais tout autant rempli de paradoxes. Face à une telle diversité, et comme pour tout type d'expatriation, il est recommandé de garder une certaine ouverture d'esprit et une grande humilité. C'est, me semble-t-il, la seule façon de retrouver un équilibre dans un environnement parfois déroutant.

L'aventure continue pour moi et ma famille étant donné que les responsabilités de mon mari nous amènent à rester encore quelques années ici et ce n'est pas sans me déplaire. Je dois cependant avouer que je ressens régulièrement le besoin de sentir aussi les **parfums** de la France quand ceux de l'Allemagne deviennent trop forts et m'étouffent presque. Si je pouvais qualifier certains parfums allemands qui me sont désagréables, je citerai bien évidemment le climat (futurs touristes, sachez que les meilleurs mois pour visiter l'Allemagne sont les mois de Mai et Juin, car au-delà, l'été est terminé outre-Rhin !), le manque de chaleur humaine apparente, l'achalandage des boucheries et des boulangeries, cette notion de *Recht* et de rigueur poussée parfois à l'extrême, les petits films français, le manque de flexibilité. Mais après un long séjour en France, je suis heureuse de retrouver la propreté en tout lieu et à tout moment (même si les choses tendent à évoluer et pas forcément dans le bon sens dans ce domaine également), le respect d'autrui, les nombreux espaces verts, le civisme, les places de parking pour femmes, la galanterie, la franchise, la rigueur, les plaisirs simples comme peut l'être une promenade en vélo ou un verre de vin, le silence.

Si on me demandait de choisir entre les deux, mon cœur aurait bien du mal. Est-ce le fait que la mère de mon père -que je n'ai pourtant jamais connue- était allemande ? Est-ce que cela pourrait expliquer cette sensation que j'ai parfois de me sentir ici aussi proche de mes racines qu'en France ? Est-ce tout simplement le fruit d'années de cohabitation qui finissent par me faire accepter et aimer certains composants de mon quotidien ? Le chez-soi se limite souvent aux murs de sa maison, peu importe où celle-ci se trouve finalement. Il y a quelques jours de cela, je demandais à mes filles comment elles se sentiraient si on déménageait dans un autre pays. Elles s'y sont opposées avec une grande ferveur mais sans arriver à me citer des choses de la ville de Hambourg ou de l'Allemagne en général qui leur manqueraient. Elles me disaient avoir peur de regretter leur chambre, leur lit, la télévision, le trampoline... à savoir uniquement des choses matérielles, déplaçables et apatrides. Elles sont encore trop petites pour réaliser ce qui, dans l'environnement et la culture qui les entourent, leur est fondamental mais elles n'en restent pas moins marquées.

Il ne s'agit pas de toute façon d'établir une quelconque hiérarchie entre ces deux pays, l'un d'adoption l'autre hérité, mais bel et bien d'ouvrir des fenêtres entre les deux. Comme je vous l'annonçais dans le prologue, mon objectif en écrivant ce récit était avant tout de partager avec le plus grand nombre d'entre vous ma modeste expérience en Allemagne et ce, dans deux buts précis : éveiller la curiosité chez ceux pour qui l'Allemagne se limite à un pays étudié en Histoire ; apporter un regard et une analyse de l'intérieur à ceux qui vivent ou vivront dans ce pays.

Pour ma part, il me reste encore beaucoup à découvrir et dans des domaines autres que sociologiques : ce récit qui s'achève va certainement me permettre de m'ouvrir désormais à des domaines qui, malgré dix ans d'expatriation, restent aujourd'hui encore assez flous. Je pense à tout ce qui touche à la Culture comme le théâtre, la littérature, la musique ou le cinéma (ce dernier étant le plus exporté en France et donc le mieux connu). C'est en écrivant ces lignes que je réalise à quel point, même si l'on se sent intégré et ouvert à la culture du pays d'accueil, les découvertes sont sans fin et l'expatriation un enrichissement aux milles parfums.

Hambourg, Mai 2013

Prologue	5
Das ist mein Recht	9
Vous avez dit *freundlich*?	29
Le système scolaire allemand	69
Petits riens qui font la différence	99
Les acquis sociaux	133
Epilogue	151